U0517260

感怀集

王邦维 著

中华书局

图书在版编目(CIP)数据

感怀集/王邦维著.—北京:中华书局,2015.5
(《文史知识》编委文丛)
ISBN 978 - 7 - 101 - 10343 - 4

Ⅰ.感…　Ⅱ.王…　Ⅲ.社会科学 - 文集　Ⅳ.C53

中国版本图书馆 CIP 数据核字(2014)第 182820 号

书　　名	感怀集
著　　者	王邦维
丛 书 名	《文史知识》编委文丛
责任编辑	刘淑丽
出版发行	中华书局
	(北京市丰台区太平桥西里 38 号　100073)
	http://www.zhbc.com.cn
	E-mail:zhbc@ zhbc.com.cn
印　　刷	北京市白帆印务有限公司
版　　次	2015 年 5 月北京第 1 版
	2015 年 5 月北京第 1 次印刷
规　　格	开本 787 × 1092 毫米　1/32
	印张 10⅞　插页 10　字数 150 千字
印　　数	1 - 5000 册
国际书号	ISBN 978 - 7 - 101 - 10343 - 4
定　　价	40.00 元

目　录

感怀篇

文史小识篇

书序篇

感怀篇

传道·授业·解惑

　　记忆中仍然清晰地留着十七年前第一次见到先生时的印象。那是在秋天，到北大报到后不久，研究所的老师通知我们，季先生要召见我们四位研究生：段晴、任远、老葛和我。在六院的一间办公室里，先生坐在桌子的一端，我们四人分开坐在桌子的两边。先生穿一身蓝色的中山装，当时还并不太显老。先生问了我们些一般的问题，大致是了解我们每人的情况，然后说："你们先上梵文课，争取把梵文学好。有时间，各方面的书，也可以找来看看。"先生的声音很平和。

　　我的三位师兄妹当时想了些什么，我不知道，可我当时的感觉是：怎么这么简单？该读什么书，先生为什么不给我们说具体一点呢？我记得，当谈话结束，先生已经走出办公室，我又赶紧跟上去，问先生：先生讲到读书，该读什么书？可是先生仍然没有给我一个明确的答复。我真有一点儿失望。

不过，我后来就渐渐明白了先生的话，简单却也并不简单。

先生为人，平易而可亲；先生讲话，话语简单而朴实。十七年来，听先生讲课，向先生请教问题，与先生一起作讨论，已经记不清有多少次。对我们提出的问题，先生有时作具体的回答，更多的时候则是启发我们自己去思考。读研究生要做论文，选什么作论文题目，先生从来都是让我们自己去考虑。一般的情形是，我们自己提出一个选题，先生并不先说行还是不行，只是问我们为什么要选这样的题目，如果真要做，打算怎么做。结果往往是我们的想法被否定。于是我们只得再动脑筋，再提出想法，当然也可能再被否定。在反复地被否定中，我们终于变得比较地明白起来。最后，题目出来了，论文也出来了。——虽然我们最后写成的学位论文未必真正达到了先生的要求。

先生常给我们提到一位德国教授的话："学外国语就像学游泳。只是站在游泳池边讲理论，一辈子也学不会游泳。我的方法，是只要有学生到我这里来，我立刻让他下水去。只要他淹不死，游泳就学会了。"

这就是"在游泳中学会游泳"。

学外语如此，学习做研究工作其实也是一样。

学习做研究工作，该怎么样？先生讲过一个故事。

一位德国很有名的医学教授，他以严格著称。一次考试，他进了教室，拿出一样东西，放在桌子上，然后向学生发问："这是什么？"学生看在眼里，觉得桌子上的东西是猪肝，但转念又想："教授的考试，怎么可能会这样简单呢？"学生不知所措，虽然觉得真像是猪肝，但始终不敢说是猪肝。到了最后，也没能回答教授的问题。这时教授只好宣布："这是猪肝。"学生此时似乎才明白了一点什么。教授问学生："你大概已经认出这是猪肝，可是为什么不敢回答呢？看见是什么，就答是什么，这就是科学。事情不就是这样简单吗？"先生说，这位教授要求学生的，其实是要树立和坚持做科学研究的基本原则。

我后来渐渐更明白多了一些，看见什么，就说什么，实在并不像想象中那么容易。但这条原则无论如何不能放弃。

关于做研究工作，先生还讲过一个故事，也是德国教授考学生的事。

一次考试，也是这位教授，问学生一个问题："你看我这衣服，是什么颜色？"学生有些犹豫。教授穿的是一件很旧、发黑的衣服。学生端详了一阵，回答道："教授先生，您的衣服，曾经是褐色，但现在已经变成了黑色。"教授听了，大加赞赏，说这位学生回答得准确而全面。原来这位教授平时不注重穿着，他的衣服，已经穿了些年头，旧而且脏，颜色已经变了，显得发黑。

这也许只是故事。但从这个故事中，我得到的体会是，做研究工作，推理要细心，下结论要尽量准确，考虑问题则要全面。先生说，这点道理卑之无甚高论，但很实在。

十几年来，我前前后后也写过和发表了一些文章，甚至出版过几种所谓的"专著"。如果说其中多少有点可取之处的话，原因之一，就是因为我做这些事时不大敢懈怠，尽量不粗心。先生讲的故事和教导，我是受益者了。

1981年，我作硕士论文，其中一项任务，是对一些古代的刻本作校勘。古刻本中有一种是藏在北京图书馆的《赵城金藏》。这是稀世的文物。研究所的耿老师为我跟北图联系，那边答复，研究生不行，但如果像先生这样的学者要看，那是可以的。可是，先生当时是研究所的所长，又是北大的副校长，还有其他许多兼职，工作极其繁忙，我怎么能劳动先生为我的事一起进城去北图呢？但先生知道了这事，立即说："那我们找个时间一起去吧。"

于是安排了一天，先生为此专门与我一起去了北图。以下的一切都很顺利。卷子从书库调出来，我立刻开始工作。先生先是站在旁边，看着我作记录。过了一阵，先生拿出早准备好的一摞《罗摩衍那》的清样，读自己的清样。就这样，整整半天的时间，先生一直陪着我，直到我校完录完卷子。

离开北图出来，在汽车里，我感谢先生。先生只是说："今天很好，这件事就算是功德圆满了。"

在具体的事情上，先生给我的是最具体的帮助。

1989年的9月，我要去英国。去之前，我跟先生辞行。那也是一个秋天的下午，下着雨，房间里显得很暗。那一段时间，发生了一些事，我的心情不好，先生的心情也很抑郁。我说我要走了，先生有什么要嘱咐的吗？先生说："别的都没什么，多保重。有机会到国外学习，是好事。

国内的事情不知会怎么样，如果好一些了，就回来。中国人，还是为中国做事好一些。"

在国外几年的日子里，我没有忘记先生的话。

1991年，我在德国的哥廷根。一天，我认识的一位从南京来的访问学者告诉我，他的儿子从国内寄给他一份剪报，是先生写的《重返哥廷根》。我赶紧要了来。出国以后，已经好久没有读到过先生新写的文章，而且先生正好写的是哥廷根。这份剪报，在哥廷根的一些中国留学生和访问学者中传阅。我们都被先生深情的文字感动了。

但我对先生在文章里讲到的人和事更有一种特殊的感受。先生的文章里，最动人的，是写他重返哥廷根时，与他分别了三十五年的恩师瓦尔德施米特教授和太太相见的那一段。我每天去的研究所，当年就是瓦尔德施米特教授在主持。研究所现在的房子，原本是瓦尔德施米特教授私人的住宅，他们夫妻在生前捐献给了研究所。遗憾的是，我到哥廷根时，已经没有机会见到他们，他们已先后去世了。不过，在研究所底楼的走廊里，依照德国大学或研究所的规矩，挂着曾经在研究所工作过，又在学术上做出过重大贡献的几位教授的肖像。他们无一不是当时德国、欧洲乃至世界上在印度学领域内的第一流的学者。其中年代最近的一位，就是瓦尔德施米特教授。

当年瓦尔德施米特教授对先生的诱掖教导之恩，先生耄耋之年依然念念不忘。先生尊师，爱师，不是又给我们树立了一个榜样吗？

此后，每当我在研究所，凝视这些学术前辈，包括瓦尔德施米特教授的肖像时，不禁更加肃然起敬。

传道，授业，解惑。先生敬爱他的老师，我也敬爱先生。

1996年5月2日，写于东方学系建立暨先生执教五十周年纪念日前夕

（原载《人格的魅力》，延边大学出版社，1996）

师恩如父：悼念季羡林先生

上午突然接到电话，羡林先生一个小时前在医院逝世了。听到这个消息，我一下惊呆了：这真是没想到的事。再有不到一个月的时间，就是先生九十八岁的生日。大家都以为，不只是九十八岁，以先生的身体状况，活到一百岁，估计也没有什么问题，怎么会在这个时候就走了呢？最近一直没能抽出时间去医院看望先生，总还在想，七月底或八月初去，一并祝贺先生的生日，也来得及。我总以为还有时间，现在晚了。这是我的错误，一个现在看来不可原谅的错误。

第一次见到先生，是三十年前，我那时从四川到北京大学念研究生，先生是我的导师。此前我没有见过先生，实在地讲，当时我的见识很有限，虽然报考时选了先生作导师，对先生的了解并不多。到北大后，跟随先生学习，才知道先生是一位大学者，学问之大，远远超出我的想象。从1979年到1982年，三年之间，我在先生的指导下，念了硕士研究生。然后留在研究所工作，跟先生在一个研究室。再后来，从1983年到1987年，又继续在先生的指导下，念了博士研究生，这中间一直跟先生在一个研究室，一个研究所，一个系。从学习、工作和生活上讲，三十年来，先生对我这样一位驽钝的学生的教导、关怀、扶助和奖掖，真是无法计量。现在先生走了，我又到哪里去找这样博识、这样慈悲的老师呢？师恩如父，我无以回报。想到这里，真是悲从中来！

我的思绪有些乱。三十年来先生给我的教诲，我跟先生的谈话，还有过去读过的先生的书，先生的文章，还有从八十年代到九十年代，很长的一段时间里，常常都在先生家里，帮先生处理一些事情后，先生让我跟他一块吃饭，那时先生家的老祖还在，那时还有师母，三位长者，都是一样的和善，一样的慈祥。这些往事，一时都想了起来，但不知道该从哪里讲起。一般的话，大家都讲过的话，似乎也不用我再多讲。我只是想说，先生的很多地方，其实没有被人完全理解。例如先生的学问，到底有多少人明白究竟呢？还有，在最近这些年的一片辉煌之下，先生的心绪呢?

　　先生在学术上取得的成就,可以讲得太多,很重要,但我觉得也许还不是最重要。我体会最深的,是先生爱这个国家,爱这个民族,爱生活在这片土地上的人民,爱我们这些已经不年轻或者还年轻的学生。我想起先生曾经跟我讲他留学的经历,讲他当年怎样从德国回到中国,他在北大的经历,包括"文化大革命",中国的过去,中国的今天,中国过去几十年的变化,他个人的经历怎么跟国家的命运相联系。他希望的总是,中国怎样能够强大,中国的学术和教育,怎样能够真正进入世界的前列。这些,大概是像先生这样九十多年前一个贫苦人家出身的孩子,由于天分和个人的努力,以及一些机缘而最终成为一位大学的教授,一位学术上的大师,必然会想到的。我的印象,这些年一直住在医院的先生,真正经常挂念的,其实还是这些。先生在最后离开这个世界之前,所关心的事情,也都还是这些。几个月前,我最后一次去看他,他向我打听的主要还是外面世界学术新的动态,新的发展。本来计划在这个月末去看他,正好告诉他一些新的消息,尤其是他多年来一直关心的西藏梵文贝叶经的研究,我们的几位研究生最近在这方面的研究中取得了一些很好的成

2007年，北京301医院，看望季羡林先生

绩，受到国际学术界的关注。先生要是知道这些，一定会很高兴，因为我了解先生，这与他自己几十年来的学术研究工作密切相关。可是现在一切都晚了，真让我追悔莫及。

先生走了，先生不会再回来。我心中悲伤。只是突然又想起先生经常提到的陶渊明的一段诗句：

纵浪大化中，不喜亦不惧。

应尽便须尽，无复独多虑。

这一段诗，先生说，他一直很喜欢。先生自己，也常常吟咏。如果是这样，先生也许走得是安心的。

2009年7月11日下午四时

（原载《光明日报》2009年7月14日）

季羡林先生与中华书局和《文史知识》

　　季羡林先生走了，虽然走的时候已经是高龄，依然让人感觉突然，更感到悲伤。季先生是中华书局几十年的老朋友，也是《文史知识》的老朋友。不仅是朋友，还是作者。季先生去世，在我看来，对于中华书局，也包括《文史知识》，失去的不仅是一位作者，一位朋友，而且是一位最好的导师。

　　1979年秋，我从四川来到北京大学，跟季羡林先生念研究生，其后留在北京大学工作，今年刚好是三十年。三十年来，我亲眼见证了季先生跟中华书局交往的许多事情，很多时候还参与其中，体会到季先生对中华书局的支持和爱护。这中间连我自己也成了中华书局的作者和朋友。

　　先讲季羡林先生与中华书局。我不知道，在上世纪70年代末，即"文革"以前，季先生跟中华书局是否就有往来，印象中即使有，大概也不多。季先生跟中华书局有密切的往来，我知道的，应该是因为70年代末到80年代初他主持编撰《大唐西域记校注》。

唐代玄奘的《大唐西域记》，是历史上的一部"奇书"。这部书，近代以前，在多数中国学者眼里，并没有什么特别的价值，但却很早就受到国际上研究印度和中亚历史的学者们的关注，他们出版了多种西文和日文的研究著作和译本。可是在中国方面，我们自己有分量的研究却很少，这不能不说是件很遗憾的事。上世纪50年代，国内的一些学者，有心做关于《大唐西域记》的研究，其中兴趣最大的，是向达先生和陈寅恪先生。向先生曾经为此专门到广州去拜访陈先生，讨论怎么做这件事。向先生在"文革"以前为中华书局拟定的《中外交通史籍丛刊》的书目中，《大唐西域记》是其中最重要的一种。向先生为此做了相当充足的准备工作，可是一切都因为"文革"的发生而中止，向先生自己也在"文革"中不幸去世。"文革"以后，中华书局重新启动这项工作，几经商议，决定请季羡林先生领头，从各地约请数位学者，集中在北京，共同编撰一部《大唐西域记校注》。季先生曾经是陈先生的学生，跟向先生是朋友，也是同事，他高兴地接受了这一任务。这个时候"文革"结束不久，一切都重新开始，编撰《大唐西域记校注》于是成为中华书局的重点工作之一。

编撰的工作从1978年8月开始，1980年底基本完成，初稿经过编辑谢方先生整理，到1981年下半年，交到了季先生手里。季先生第一遍读过后，觉得一些地方问题比较大。这个时候我刚好硕士毕业，留在了当时的南亚研究所工作。所里——其实也就是季先生——为我安排的第一项工作任务，就是协助季先生审读这份书稿，尤其是核对其中的引文。记得引文的问题比较多，每次我向季先生报告工作中发现的问题，季先生就指示说：能查原书的，一定要查原书；如果查不到原书，是转引，就要明确说明是转引；实在查不到出处，就删掉。我在季先生的指导下，已经完成过自己的硕士论文的工作。此前季先生教导我的，总是要认真，要老实做事。现在加入到《大唐西域记校注》的工作，我再一次体会到季先生在研究工作中的严谨和认真。工作进行得比较慢，我有些着急。但季先生总是说，最重要的，是细心，即使慢一点，也不能马虎。整个工作花去了一年半的时间。我看书稿，核对文字，必要时做一些改动，然后季先生再看，再改。然后我隔一段时间，骑车去中华书局，把季先生的意见传达给谢方先生，回北大后再向季先生汇报。1983年7月，工作终于完成，我把最后一部分定稿送到中华书局。书局的谢方先生也是极认真的人，也很有耐心，他做了最后的加工。1983年底，书终于发排。再后是看校样，改校样，其间的工作量也不小，书最后印出来，已经是1985年。季先生关心书的出版，他希望早印出来，但他还是那句话：《大唐西域记》不是一般的书，中华书局不是一般的出版社，我们要尽量让错误少一些。从这些话里，我体会到了季先生在学术上的认真和他对中华书局名声的爱护。

照季先生的说法，我们集体完成的《大唐西域记校注》，不敢自称水平有多高，但我们尽力了，而且，实事求是地讲，在一些问题上，我们是有创见的。它代表了中国学者在一个阶段上的研究成就。《大唐西域记》是中国人的著作，中国的学者终于在相关的研究上有了发言权。《大唐西域记校注》出版后，得到了学术界和社会的肯定，获奖也许不能绝对说明问题，但二十年来多次重印，成为中华书局的保留书种之一，应该就是证明。

记不清楚是在什么场合，好像是在庆祝中华书局成立多少年的一次会上吧，季先生说过一句话给我留下深刻的印象。季先生夸奖中华书局，说中华书局"一身正气"。我们心中的中华书局，一直是这样，也希望永远是这样。中华书局应该多出像《大唐西域记校注》这样厚重的书。

再谈季羡林先生与《文史知识》。季先生一生，出过不少的书，但在中华书局出过的书却不多，除了以他为领头人的《大唐西域记校注》以外，我知道的，只有一本《佛教十五题》和一本《皓首学术随笔·季羡林卷》。两本书，是其他人为他编选的集子，出版时间也是在最近两年"季风"热中的事。不过，有一点大概很少有人注意到，那就是，季先生为中华书局的《文史知识》前后写过数量并不算少的一批文章。大致地统计，从1986年到2001年，十五年间，季先生在《文史知识》上发表的文章有十四或者十五篇，差不多一年一篇。请不要小看这个数字，据我所知，季先生一生，虽然发表文章无数，但似乎还从来没有在同一种刊物上发表超过这个数量的文章。这说明季先生十分地看重《文史知识》。对《文史知识》，我自己当然听到过季先生的夸奖话，不过，季先生1989年7月为《文史知识》写的《百期祝词》说得更清楚，季先生的原话是：

我对《文史知识》有所偏爱。但是我的偏爱不是没有根据的。

　　我对《文史知识》的印象，可以用八个字来概括：严肃、庄重、典雅、生动。我想，不用我解释，大家也会明白的。多少年来，社会上风浪迭起。然而我们的《文史知识》却始终保持住自己的严肃庄重的风格，不为外物所动，绝不刊登追逐时髦的文章，也从来没有登过一篇满篇怪异术语令人如丈二和尚摸不着头脑的文章。我们的文章是谈学术的，有的还非常专门。然而我们的刊物上几乎没有刊登过烦琐、冗长、枯燥乏味的高头讲章，也没有见过以艰深饰浅陋的文章。比较深奥的学术问题，读来总是娓娓动听，意味盎然，亲切动人。这是难能可贵的。

这些话说得多好啊！季先生还说：

　　我们评论文学艺术之类的东西时，常常用两句现成的话：阳春白雪，意思是曲高和寡；下里巴人，意思是合乎人民大众的口味，因而受到广泛的欢迎。我们的《文史知识》却是曲高而和不寡；能满足人民大众中一部分人的需要，又不过分浅显。可以说是融阳春白雪与下里巴人于一体。这更是难能可贵的。

九年以后，1998年元月，季先生在祝贺《文史知识》出刊200期时，又再次讲到：

> 《文史知识》是我最爱读的学术刊物之一。它已经形成了自己特有的风格，这种风格我想用这样两句话来概括：谨严而又清新活泼，学术性强而又具有令人爱不释手的可读性。

从这些话里，我们看到季先生对《文史知识》真是厚爱有加。季先生对《文史知识》，不仅称赞，多年来几乎是有求必应。

也许可以这样说，在已经过去的大半个世纪里，我们有过，现在也还有一些很好的学者，但学者之中，像季羡林先生这样既有精绝的学问，同时还具备广博的见识和胸襟，而且又对后辈如此仁厚的却不多，这一点上少有人能够比得上他。季先生对《文史知识》的支持，出于他对学术的理解和对传统文化的关心，表现出了他作为一位真正伟大的学者的风范。

不过，称赞和厚爱是一个方面，对于《文史知识》，季羡林先生其实还有他的期望或者说建议。就在《百期祝词》的末尾，季先生还有一段话：

> 我想提一个建议。我们讲的"文史"，我看主要是指中国文史。就算是中国文史吧，它现在已经不限于中国一国，而是成了一门世界性的学问。因此，我们是不是可以适当刊登一些世界其他国家讲中国文史的文章或者研究动态。这将有利于开阔我们的眼界（我们现在的眼界是非常不开阔的），增长我们的知识，加强对外部信息的了解，最终提高我们的研究水平。

季先生说这话，刚好是二十年前，现在我们眼界"非常不开阔"的局面应该说已经改变了许多，但我以为还不够。不够在什么地方？我们的第一步，是"开阔眼界"，眼界开阔之后的第二步，是"最终提高我们的研究水平"。以我对季先生的了解，我感觉，季先生讲的研究水平，要求的目标很高，不仅如此，他还希望，这样的研究，最终要成为"世界性学问"的一部分。这些年许多人都在讲"国学"，在大家眼里，"文史知识"大概应该包括在

"国学"之中。这样的"国学",我个人以为,季先生并不满意,所以他主张另外一种"国学",他把它称作"大国学"。在这一点上,其实不仅仅是"大",是"大国学",而且应该是"世界性的学问"。季先生的眼光,总是很宽很广,超过一般人。为什么会这样?我们读读季先生在《文史知识》发表过的文章,也许就可以明白。

最后,容我斗胆说一句,我们大家,包括中华书局,包括《文史知识》,在深深感念季羡林先生的同时,是不是还需要继续往这个方向努力?

(原载《文史知识》2009年第9期)

二十世纪八十年代西域研究的力作
——季羡林先生与《大唐西域记校注》

　　时间过得真是太快，季羡林先生离开我们，转眼已经过去了九个多月。回想1995年，我们北京的一些与敦煌吐鲁番研究相关的朋友，根据季先生的建议，在北京创办一份新的学术刊物，作为大家发表研究成果、交流研究心得的园地，这就是《敦煌吐鲁番研究》。从那时到现在，也已经过去了十五年。

　　十五年间，就《敦煌吐鲁番研究》这份杂志来讲，大家相互合作，应该说都尽了各自的一点心力。但我们的三位主编，最先离我们而去的是2001年10月去世的周一良先生，然后是季羡林先生。在过去的十五年里，季先生、周先生以及现在还健在的饶宗颐先生，他们虽然没有参加具体的编辑工作，但作为我们学术和精神的导师，对于《敦煌吐鲁番研究》，一直给我们鼓励和指导。每念及

1984 年，北京大学，跟随季羡林先生学习

此,让我们无限感念周先生、季先生,同时希望饶先生健康长寿。

几个月前,我们的编委会议定,这一期的《敦煌吐鲁番研究》,以纪念季先生为题,给我的任务,是写一篇回忆季先生与《大唐西域记》的校注和研究的文章。这让我再次回忆起当年季先生指导下的这项学术工作的前前后后。

时间已经过去了差不多三十多年。现在看来,三十多年前,当中国整个的政治形势出现重大的转变,学术研究刚刚开始恢复之际,季先生领导的这项工作,其实很有象征性的意义。其间的起因,更可以追溯到上个世纪的五十年代,甚至更早。

唐代玄奘的《大唐西域记》,是中国历史上的一部"奇书"。这部书,近代以前,在多数中国学者尤其是受正统儒家传统影响的学者眼里,并没有什么特别的价值。传统的中国文献目录书中虽然有所提及,但大多表现出一种不值得重视的态度,甚至还有所批评。典型的例子是《四库全书总目》馆臣为《大唐西域记》撰写的"提要":

北京海淀，与季羡林（中）、林庚（左二）、周一良（右二）、陈贻焮（右一）
诸先生合影

　　（此书）多《唐书》所不载。史所录者，朝贡之邦，
此所记者，经行之地也。……所述多佛典因果之事，而
举其地以实之。晁公武《读书志》称，元奘至天竺求佛
书，因记其所历诸国。凡风俗之宜，衣服之制，幅员之
广隘，物产之丰啬，悉举其梗概，盖未详检是书，姑据
名为说也。我皇上开辟天西，咸归版籍，《钦定西域图
志》，征实传信，凡前代传闻之误，一一厘正。此书侈陈
灵异，犹不足稽，然山川道里，亦有互相证明者。姑录
存之，备参考焉。（《四库全书总目》卷七十一《史部地

理类》四《外纪》，中华书局，1981，630页。）

当然，考虑到中国当时的情况，这不算很奇怪。不过，正是在馆臣们撰写"提要"之后不过百来年，在世界的另一端欧洲，研究印度和中亚历史的学者们却几乎是意外地发现了《法显传》《大唐西域记》这一批类似的著作，而且立即给予了很大的关注。这个过程，如果从法国学者儒莲（Stanislas Julien）1853年出版研究玄奘的书以及后来翻译《大唐西域记》算起，已经有一个半世纪的历史。如果从1836年雷慕沙（Abel Rémusat）翻译《法显传》开始算起，那就更早。上个世纪初，日本学者也加入进来。欧洲和日本的学者很快出版了多种西文和日文的研究《大唐西域记》的专著和《大唐西域记》的译本。在英国统治下的印度的考古学家，例如被称为印度近代考古学之父的康宁翰（Alexander Cunningham），则把这部书奉为宝典，作为寻找和判定历史遗址的一部指南。所有这些，使《大唐西域记》的研究很快成为国际东方学，尤其是印度学和中亚学的研究热点。可是在中国方面，即使后来有丁谦的著作，已经是比较晚的了，而且与西方和日本的学者比较起来，中国人自己的有分量的研究确实很少。这不能不说是件很遗憾的事。对欧洲东方学研究状况十分清楚的上个世纪的一些老一辈中国学者，其实早就有心开展对《大唐西域记》的研究，其中关心此事并且兴趣最大的，是北京大学的向达先生和广州中山大学的陈寅恪先生，再后来还有上海复旦大学的章巽先生，以及受陈寅恪影响的中山大学的周连宽先生。1964年春，向达先生为此专门到过一次广州，拜访陈寅恪先生，讨论怎么做这件事。为此陈寅恪先生专门写了一首诗《甲辰春分日赠向觉明》（向觉明即向达先生）：

> 慈恩顶骨已三分，西竺遥闻造塔坟。
> 吾有丰干饶舌悔，羡君辛苦缀遗文。

向达先生这个时候的政治处境其实并不很好。向先生1949年以前是北京大学著名的左派教授，但1957年却没料到被打成"右派"，不能再在历史系教书。1961年，他虽然被宣布摘掉了"右派"的帽子，可以在一定范围内做一些学术研究，但仍然属于敏感或者说限制性使用的人物。不过向先生似乎也不太管这些，依然以很高的热情重新开展他最关心的中外关系史研究。他在"文革"前为中华书局拟定的《中外交通史籍丛刊》的书目中，《大唐西域记》是其中最重要的一种。向先生为此做了很多准备工作，到广州拜访陈寅恪先生，就是其中之一。可是他万万没料到的是，很快就会有一场大规模"文化大革命"。1966年5月，"文化大革命"正式开始，首先"横扫一切牛鬼蛇神"，于是灾祸陡然降临，向先生受尽凌辱，当年的11月，便不幸去世。其后三年，1969年，陈寅恪先生也在屈辱中去世。在这个时候，已经完全没有可能谈及研究《大唐西域记》了。

"文化大革命"前后十年，在1976年10月终于结束。其后的一两年间，国内的政治形势发生了根本性变化。中华书局的工作也逐步恢复，整理和出版《大唐西域记》的事情重新提上日程。1977年，中华书局的相关领导和编辑谢方先生几经商议，决定请季羡林先生领头，从各地约请数位学者，集中在北京，共同编撰一部《大唐西域记校注》。季先生曾经是陈寅恪先生的学生，跟向达先生是朋友，也是同事，季先生接受了这一委托。

工作真正开始是在1978年。当年的8月18日，第一次工作会议在北京大学东语系的办公室举行。出席会议的有中国社会科学院历史研究所的孙毓棠先生、广州暨南大学的朱杰勤先生、北京大学考古系的宿白先生、北京大学历史系的张广达先生、上海教育学院的杨廷福先生、四川农机学院的张毅先生、中央民族大学的耿世民先生、中国社会科学院南亚研究所的蒋忠新先生，以及中华书局的赵守俨和谢方先生。会上议定由范祥雍先生在上海单独负责标点校勘，季先生在北京主持注释工作。具体的分工是：耿世民负责新疆部分，张广达负责苏联、中亚及阿富汗部分，朱杰勤及张毅、蒋忠新负责印度部分，杨廷福负责原书三篇序及佛教名词、辞语部分，蒋忠新查对全书梵文，宿白负责全书插图照片，章巽负责绘制详细地图，最后由季先生负责定稿和撰写前言①。

　　季先生一生的学术研究，首先与印度，其次与今天通常所讲的西域研究有最密切的关系。季先生参与《大唐西域记》的校注和研究并承担了领导的职责，在我今天的理解，一方面是季先生认为，玄奘的这部书实在是太重要了，而在另外一方面，则是他当时在学术上的远见。他认为，通过这项工作，可以大大推动国内对印度和西域

① 见谢方《二十六年间——记〈大唐西域记校注〉的出版兼怀向达先生》，《书品》1986年第1期。原来商定由宿白先生负责的书中的配图和照片，后来因故取消。最后出版的《大唐西域记校注》中的地图改由王邦维绘制。

的研究。

校对和注释的工作在1980年底基本完成。1981年下半年，经过编辑谢方先生整理的初稿，交到了季先生手里。我参加《大唐西域记校注》的编撰工作，就是在这个时候。1979年，我考上中国社会科学院与北京大学合办的南亚研究所的研究生，导师是季先生。我1982年6月毕业，硕士论文是整理，也是校注一部与《大唐西域记》性质上有点相似的《大唐西域求法高僧传》。就在我毕业之前，1982年初，季先生跟我讲，要我在结束硕士论文的工作后，协助他审读《大唐西域记校注》的书稿。6月份我毕业，正式留在了南亚研究所工作，于是这就成了我在所里承担的第一项正式的工作任务。这是研究所的安排，当然也是季先生的意思。从1978年南亚研究所建立，到1991年撤并，季先生一直是我们南亚研究所的所长。

季先生已经读过一部分初稿，他发现初稿中有很多问题。季先生交代我，先仔细读一遍送来的书稿，注意问题，如果发现问题，就向他报告。

初稿的问题确实不少，最多的是与引文有关。这有几种情况。其中一种情况是张冠李戴。我记得比较清楚的有一个例子。《大唐西域记》卷十一"僧伽罗国"一节，

"僧伽罗国"一名下面，初稿解释即今天的斯里兰卡，这当然没有问题。但接下来讲，斯里兰卡与我国交往有悠久历史，《法显传》中记载，"其国前王遣使中国，取贝多树子"，说明与中国交往很早。这显然是错误的。这里的"中国"，不是中国的中国，而是印度的"中国"，即中印度。更多的是引书不注出处，或者标注了书名但没说明在何卷何页。我把这些问题一一向季先生报告。季先生的指示说起来其实很简单：错误的地方做改正；引文能查原书的，一定要查原书；如果查不到原书，是转引，就要明确说明是转引；实在查不到出处，就删掉。此前三年，我在季先生的指导下，已经完成过自己的硕士论文的工作。季先生教导我的，总是要认真，要老实做事。现在参加到《大唐西域记校注》的工作中来，让我再一次体会到季先生在研究工作中的严谨和认真。

工作进行得比较慢，我有些着急。但季先生总是说，最重要的，是细心，即使慢一点，也不能马虎。整个工作花去了一年半的时间。我看书稿，核对文字，必要时做一些改动，然后季先生再看，再改。然后我隔一段时间，骑车——那时我还算年轻，骑自行车进城对我来说是最方便的交通方式——去位于灯市东口的中华书局，把季先生的意见传达给谢方先生,回北大后再向季先生汇报。

有关的这些情况,季先生在1983年6月12日写过一段话作为"说明":"修改定稿工作又花了两年多。原因是,由于注释工作难度大,一些同志又不能专心致志,以致注释初稿问题很多,有的引文谬误层出。"整个工作的难度不言而喻,即使前期的工作出现一些问题,但在当时的条件下,毕竟不容易。好在问题最后大多都得到了解决。

1983年7月,工作终于完成,我把最后一部分定稿送到中华书局。谢方先生做了最后的加工。这段时间里,季先生也完成了他为《大唐西域记校注》撰写的前言。前言近十万字,可以说史无前例。季先生说,他最初也没想到最后会写到这样大的篇幅。在此同时,对初稿中的几个重点条目,季先生还做了大幅度的改写和扩充,例如"印度总论"一节中"四吠陀论"一条,约三千字,完全是季先生写的。同样的还有"摩羯陀国""僧伽罗国"等处提到的"大乘上座部"一条。书中的卷一和卷十二部分,张广达先生根据新收集到的材料也做了一些修改。

1983年底,书终于发排。再后是看校样,改校样,其间的工作量也不小,《大唐西域记校注》书最后印出来,已经是在1985年。《大唐西域记》原书十二卷,约12万字,校注本增加的文字约50万字，最后出版成书，共63万字。在《大唐西域记》研究的历史上，这也是前所未有的事。

照季先生的说法，我们集体完成的《大唐西域记校注》，不敢自称水平有多高，但我们尽力了，而且，实事求是地讲，在一些问题上，我们是有创见的。在我看来，季先生的说法实事求是。《大唐西域记校注》代表了中国学者在一定时期一个阶段上的研究成就。《大唐西域记》是中国人的著作，中国的学者终于在相关的研究上有了较多的发言权。《大唐西域记校注》出版后，得到了学术界和社会的肯定，获奖也许不能绝对说明问题，但二十年来多次重印，成为中华书局的保留书种之一，应该就是证明。

也是在季先生的带领下，与《大唐西域记校注》相配合，我们在这前后还完成了《大唐西域记》今译的工作，这就是陕西人民出版社1985年出版的《大唐西域记今译》一书。参加今译的，除了季先生，基本上也都是参加校注的人员，包括杨廷福、张广达、谢方、蒋忠新、李铮和我。今译本在2009年稍做修订后又再次出版。季先生1982年9月29日在他为《大唐西域记今译》写的"前言"中讲到他当时的想法：

《大唐西域记》虽然已有英译本，但都是程度不同地有错误的。研究印度史、中亚史，《大唐西域记》是不可缺少、无法代替的瑰宝。而英文又是在印度以及世界各地最流行的语言。从已有的英译本的水平来看，实有再译之必要。此意我曾向印度著名的唯物主义历史学家罗米拉·塔巴教授表示，得到她热烈的赞成。我也曾对一些西方的学者谈过，他们也一致表示赞同。我们已准备请人将此书在此译为英文，而根据的本子，就只能是我们的今译本。我们的想法是，让精校本、注释本、今译本和英译本这四种本子构成一个整体，互相补充、互相关照。

　　这是季先生当时的一个完整的设想和计划。有关英译本的想法虽然至今没有能够实现，但这一段话，又一次体现出他的世界性的眼光。

　　《大唐西域记校注》一书的编撰，到现在已经过去了三十多年。三十多年间，中国的情况，包括学术研究的条件和状况已经发生了巨大的变化。1994年，在《大唐西域记校注》第三次重印时，季先生写了几句话，作为"重印后记"，其中讲：

此书曾多次获奖,今年又获1994年国家图书奖。国内外学者对此书亦多所赞誉。但是,"如鱼饮水,冷暖自知"。此书的优点和不足之处,我们校注者是完全清楚的。当年参加注释工作的学者已有二人谢世。有关地区的考古发掘工作日新月异,我们国内的青年学者脱颖而出,颇不乏人。我们正准备重新组织力量,对注释从头做起,把最新的考古结果与中外学者的最新研究成果,悉纳入注释中,使此书真正与时代同步。

季先生的话,说得很实在,也非常有分寸。我们当年前后参加过校注工作的人,包括责任编辑谢方,一共十位,杨廷福先生在书正式出版之前即已故去,此后范祥雍、张毅、朱杰勤、蒋忠新四位先生又陆续故去。现在季先生也走了,还在的人只有张广达、耿世民、谢方和我,而张广达先生离开大陆,也已经有二十多年。季先生的愿望,由于种种原因,在他在世的时候,并没有能够实现。这真是遗憾。希望什么时候能够诸种因缘具足,有更年轻的一代学者来完成季先生的这个愿望吧!

前面讲了,《大唐西域记》无论在中国或者世界上,都称得上是一部奇书。中国学者大半个世纪来对《大唐西域记》的研究，包括我们的《大唐西域记校注》，其间的过程曲曲折折，可以折射出几十年间中国西域研究学术历史的一个片段。如今老一辈学者——其中季先生无疑是贡献最大的一位——大多故去，追思前辈，感念他们当年的艰难和成就，不禁更多了几分悲戚和感慨。

2010年4月25日

（原载《敦煌吐鲁番研究》第十二卷，上海古籍出版社，2011）

从东方语文学到东方学

——庆祝季羡林先生九十华诞暨执教五十五年

1946年9月，在刚回到故都——当时称作北平——不久的北京大学，又一个新的秋季学期开始了。这是经过八年抗战，艰难南迁，终于取得胜利，重回沙滩旧址后的第一个秋季学期。

新的学期，沙滩红楼风貌依旧，但校园里有许多新事，也来了不少新人。在这许多新的事和新的人中，师生们发现一件事，和一位新来的年轻教授，这就是，文学院里新成立了一个系，名叫"东方语文学系"，新的东方语文学系的系主任，是刚刚才被聘任为教授的季羡林先生①。

季羡林先生从德国回来，不过只是半年前的事。这

_____

①一般都说，东语系最早的名称是东方语言文学系。但根据下面季先生文章中提到的，准确地讲，应该是东方语文学系。我见到的东语系图书馆最早的藏书，收藏章上印的名字也是东方语文学系。

半年里，担任北京大学校长的胡适之先生与此前代理校长职务的傅斯年先生决定，在北大正式建立东方语文学系，同时请季羡林先生担任系主任。促成此事并把季先生介绍给胡、傅二位的，是清华大学的陈寅恪先生。这时担任北京大学文学院院长的，是汤用彤先生。汤先生也是这件事的热心支持者。

北京大学就这样有了东方语文学系。这年的11月22日，刚刚做了系主任的季羡林先生写了一篇文章，题目叫《关于东方语文学的研究》，谈到新的东方语文学系：

> 从今学期起，北京大学文学院里添了一个新系：东方语文学系。这是中国自有大学以来的第一个创举。不在别的大学，而在以兼容并包博大精神出名的北大，是并非偶然的事。我们都要感谢胡适之先生汤锡予先生和傅孟真先生，他们让这在中国自来少有人注意的冷僻学科也得到一块发展的园地。

> 无论什么新创的事业都容易招人误解。北大东方语文学系也不是例外。很多的人把东方语文学认作日本语文学系的别名。有的人根本不知道里面究竟研究些什么，只觉得这一系很神秘。所以我们感觉到有需要来

作一个简略的说明,让大家明了这一自中国有大学以来第一次创立的学系的真相。①

季先生接着解释,这里的东方指的是什么,东方语文学包括哪些内容:

首先我们要知道什么是东方语文学。这里所谓"东方"是根据欧洲的用法。英文德文法文原字都是Orient,而这个字的来源又是拉丁字Orient,意思是(太阳的)升起,进一步就演化成太阳升起的地方:东方。从欧洲人的眼里看,整个亚洲都在东方。研究亚洲语文的学问就叫做东方语文学。

以下季先生介绍了欧美大学东方语文学研究的情况,举出十二种或者说十二类语文,说明欧美大学为此大致设置了些什么科目。这些语文包括:古代埃及语文、古代巴比伦亚述语文、中国语文、日本语文、满蒙语文、印度支那系语文、阿拉伯语文、土耳其语文、印度语文、伊兰

---

①文章最早发表在天津《大公报》1946年12月25日上,今收入《季羡林文集》第六卷,江西教育出版社,1996,13–17页。

语文、中亚古代语文、非洲语文。但中国的情况有一些不同，季先生因此提出了他办系的想法：

> 我们当然不能也不必学欧美大学分那样许多系，我们只在系里分成若干组，每一组就相当欧美大学的一系。这其实只是名称不同而已，对研究说是一样的。因为是才开创，我们先设三组；第一组：蒙文，藏文，满文；第二组：梵文，巴利文，龟兹文（吐火罗文A），焉耆文（吐火罗文B），于阗文，粟特文；第三组：阿拉伯文。我们希望将来能够陆续增添别的新组，譬如说波斯文、东土耳其文等。我们也希望能够请到专家来教。入这系的同学每人可以任选一组。至于在这组里必修的文字当然是多多益善。但倘能精通一种也就够了。

最初的东方语文学系，就由这三个组组成。我所知道的，三个组的具体负责人，第一组应该是稍后从英国回来的于道泉先生，第二组是季先生本人，第三组是马坚先生。在这以后，东方语文学系逐步发展，情况有不少变化。当年的东方语文学系，一变为东方语言系，再变为东方语言文学系，再变为东方学系，时至今日，又一分为三：

东语系、日语系、阿拉伯语系，三个系一并归属新组建的外国语学院；同时在三系的基础上，又成立一个东方学研究院。世事沧桑，倏而已经五十五年。我由此想到，五十五年后的今天，我们确实需要回顾一下季先生当年办系的设想，哪些实现了，哪些部分地实现了，哪些还仍然有待实现，这对我们考虑将来，应该说不无意义。

我们先看语言的种类。时至今日，在北京大学，作为教学和研究的科目，中文之外的东方语文，季先生所讲的，大多都有了。到1999年，东方学系，也就是当年的东方语文学系建立半个多世纪之后，全系设置的教学或研究科目，从西往东，依次排列，有希伯来语、阿拉伯语、赫梯语、阿卡德语、波斯语、乌尔都语、印地语、梵语、巴利语、龟兹语（吐火罗文A）、焉耆语（吐火罗文B）、和田语、印尼－马来语、菲律宾语、缅甸语、泰语、越南语、蒙古语、朝鲜语、日语。这么多种语文，一一列举出来，使人真有些洋洋大观的感觉。其中一些，在全中国只有在北京大学才能找到。北大东方学系为此形成了一支完整的，在国内没有一个地方可以相比的教师队伍。这是五十五年来所取得的一大成绩，无论如何值得骄傲。

不过遗憾也有一点，季先生提到的满文、藏文和维文

（东土耳其文），虽然在东方语文学系曾经设置过，但却已经在1952年移出了北大。这其中还包括彝文。

半个多世纪过去，季羡林先生作为当年的东方学系任职时间最早、最长的一位系主任，筚路蓝缕，辛勤操劳，为在北大、在中国建立东方语文学，进而是东方学研究的学术传统做出了最大的贡献。

再看另外一些方面的情况。作为大学，只教语言，即使是外语，并不够，还应该做研究。这一方面，季先生自己，不用说就树立了一个杰出的典范。他的研究工作和取得的研究成果，几十年来得到国内外所有同行一致的承认。有关季先生个人学术研究的各个方面，本书的主编汤一介和乐黛云二位先生已经分别做了安排，由另外的几位先生撰文，我不再在这里重复。我只想说，在季先生上面的那篇文章里，有一段，今天仍然值得我们再读一遍：

学术方面。中国同其他亚洲的国家的文化交流，我在这里不能详细讨论。倘若有人要知道详细一点，我在今年7月21日的上海《大公报》上曾写过一篇长文：《东方语文学的重要性》，里面虽然也多半是老生常谈，但还可以参阅。我们在这里只谈一谈中国同印度的文化关系。这两国文化关系的密切我想没有一个人会否认的。倘若没有印度文化加入到中国文化里来，我不能够想象现在的中国文化是什么样子。我并不是说一定会比现在坏，但绝不会是现在这样子，这是可以断言的。自从佛教输入以后，上至文学哲学艺术，下至民间信仰，没有一处没有印度的色彩。甚至我们足以自傲的所谓"国医"，来源都有点问题。它同神农老皇帝的关系也很渺茫，虽然据说他老人家尝过百草。然而我们的学者对这方面的研究怎样呢？除了很少数的学者像陈寅恪先生等以外，一向没有人注意到这一方面。近几十年来中国新疆发现了无数的古物文献，几乎可以使我们人类一部分的历史改观。世界的历史学者、地理学者尤其是东方语文学者的眼光都转到这方面来了。他们的研究报告真可以说是琳琅满目，兼有精深与博大。因而一般人民对这方面的兴趣也就跟着大起来。但回头看我们中国，除了很少数的学者以外，依然没有多少人注意到这个。甚至连中文的大藏经都要等外国学者来研究了。无论如何我总觉得这是件很大的遗憾。学术研究当然不能也不应该分国界。但同我们关系密切的学问，我们"近水楼台先得月"总应该先来研究，来领导。现在不但不能去领导,别的国家的学者研究了,我们连跟都跟不上,不,简直连跟的意思都没有。这总不能不算是一件怪事吧!在清末的时候本来已经有些学者注意到这方面的研究了,譬如说洪钧的《元史译文证补》就是好例子。王静庵先生晚年也想治西北史地,可惜王先生一死,这风气就如昙花一现消灭得无影无踪了。

我的理解,季先生的这段话,从前面讲的东方语文的研究,进而讲到一个更宽更广的方面,也就是东方学的研究。近代中国的东方学研究,如果说主要是由更老一辈的学者陈寅恪、王国维先生等所开始,作为陈寅恪先生的弟子,季先生无疑是陈先生在东方学研究方面最有成就、最杰出的继承人,虽然这半个世纪中,几乎有一半的时间客观的环境并没有让季先生真正完全发挥他的专长。

还有,我不知道,季先生五十五年前说的上面的这番话,在现在是不是就得到了充分的理解?现在的情形,在某些方面,如物质的条件,确实比季先生半个世纪前写文章时好了许多,但我们的问题依然很多。当前市场经济大潮汹涌,东方语文学以及东方学的研究,是否真像一些人认为的那样,是无用之学,可有可无?重温季先生的话,在今天其实不无意义。

东方语文学系半个世纪所经历的道路也不是笔直一条。从1946年成立，其间经过四十年代末、五十年前半期的大发展，中间再经过"文化大革命"的挫折与倒退，有幸终于到了改革开放的时代，教师队伍逐步恢复，教学工作渐归正常，学术研究重新起步。改革开放二十余年，国家发生了极大的变化，经济发展，文化教育事业也大有进步，东语系或者说东方学系也不例外。1996年，东方学系成立半个世纪，季先生对东方语文学系到东方学系五十年的历程做了回顾。季先生列举了系名的变化，同时写了一段话：

如果画一个表的话，那就是：东方语文学系→东方语言系→东方语言文学系→东方学系。从表面上看，这个表没有什么特异之处，平平常常。然而，衷考其实，却会发现，其中隐含着一个随着中国社会前进而形成的发展规律。第一个"东方语文学系"，是想当然地定下来的，并没有怎么考虑社会上的需要，有点空想的浪漫主义的色彩。第二个"东方语言系"，是面对现实而产生的结果，是现实主义的。第三个"东方语言文学系"，虽然名称与第一个相似，却仍然是面对现实的结果。至于最后一个"东方学系",却是面对现实而又展望未来,用一句现成的话来说就是"跨世纪"构思的结果。其中有现实主义的成分,也有不同于前一个的浪漫主义成分。这个名称的确定,表示我们系已经成熟,表示"东方学"在我们中国已经正式建立起来了。

两年以后,1998年,是北京大学建立一百年,学校举行了十分盛大的庆祝活动。百年校庆之际,中央和学校的领导提出,在不久的将来,要把北京大学建设成世界一流大学。这样的目标当然非常宏伟。瞄准这个目标,是很英明的举措。北京大学历史悠久,学科众多,在这个时候都希望力争上游。东方学在这其中恐怕也不应该落人之后。国际上公认的一流大学,例如哈佛、剑桥、牛津之类,它们的文科之中,东方学的研究倒从来是比较有影响有地位的。我们自己是东方的大国,是否更应该更可以在这方面做一点努力?新的世纪,新的千年,东方人自己不应该在东方的研究上有更多一点的发言权吗?我们不是应该以此与那些真正一流的大学做一点具体的对比吗?而更重要的是,这样的发言权还必须建立在坚实的科学研究的基础上,而不仅仅是一些大话和空话。科学研究所需要的，一是要有人重视，给予必要的支持；二是我们自己要脚踏实地地工作。可惜现实的情况并不完全如此。在一些人的眼中，东方语文学以及东方学一类的研究，经济上既不能创收，宣传上又无法"炒热"，留其何用，尽可让其自生自灭。我们的东方研究在很多方面可以说仍然处在困难之中。好在我们到底还有人始终没放弃热情和希望。写到这里，我于是觉得，季先生五十五年前对学生们的鼓励，对我们今天每个打算研究东方语言、东方学以及相关学问的人，似乎仍然有用：

> 　　根据以上这一点感触，我们就很希望年青的同学们有勇气到这块新园地里来共同努力。他们只要肯工作，绝对不会失望的。这并不限于东方语文学的同学。文学院其他各系的同学，像中国文学系哲学系历史学系西方语文学系的同学，倘若有"余力"的话，不妨也来试一试。胡适之先生曾说过：为学像金字塔，地基愈宽愈好，上面愈尖愈好。为了得到一个宽的地基，也应该多学一点与自己本行相关的东西。何况有的知识不但只是打地基才用得着，简直与自己的研究范围就分不开。譬如说研究中国佛学，不懂梵文不是很困难？当然，一

直到现在，还有研究佛学而反对梵文的人。这些人真是眼光如豆，他们研究的结果就可想而知了。好在他们总有一天会消逝到他们应该去的地方去的，我们用不着同他们分辨。说到中国文学，你总不能否认佛经翻译文学也是中国文学的一部分。但倘要彻底明了佛经，又非懂点梵文巴利文不行。否则不是闭门造车就是拾人牙慧了。

事业尚未成功，同志仍需努力。

（原载《季羡林与二十世纪中国学术》，北京大学出版社，2001）

季羡林先生的留学经历与他的学术成就

　　季羡林先生今年已经是九十五岁的高龄。季先生一生的学术成就，为世所公认，这一点，几乎不用再多说。我们在这里开会，是要探讨季先生的学术思想和东方学学科建设的关系。这方面也已经有过不少的讨论。大家的意见都很好。我这里只是想选择一个过去谈得还不太多的题目，即从季先生的留学经历来思考他的学术成就。下面是我的一些意见。

　　季先生出身平常，他出生在贫苦农民的家庭，自幼离开自己的家，由在济南做职员的叔父抚养长大。然后上中学，上大学，然后出国留学，然后回国，在北京大学作教授，一直到现在。

　　综观季先生的一生，可以分为几个大的阶段：一，进入清华大学以前；二，清华大学读书；三，留学德国；四，回国到北京大学东语系任教到"文化大革命"发生，其间中国有一次新旧政权的更替；五，"文化大革命"时期；六，"文革"以后直到现在。就学术而言，其中的留学德国的经历，对于季先生，无疑是最重要的。这段经历，奠定了季先生一生学术事业的基础，既是季先生学术事业真正的开端，也成就了季先生学术上的一个高峰。如果没有这段经历，很难设想，季先生会是后来的季先生。

这里主要谈季先生在德国留学的经历以及这一段经历对我们的启发意义。有关的资料来源，主要是季羡林先生的《学海泛槎》和《留德十年》，这是季先生自己的著作，对于讨论季先生的学术经历而言，最具体，最权威，也最为可靠。

季先生在青年时代，只是因为学习成绩优异，才有机会进入清华大学。1934年，季先生大学毕业，回到家乡，短时间作过一阵中学教员。1935年，季先生考上清华大学与德国协议互换的研究生，得到去德国留学的机会。1935年夏，季先生到达德国柏林，同年深秋到了哥廷根，进入哥廷根大学。入学之初，季先生并没有一个明确的学习目标。他曾经想到以选修德国语文学作为主系，但一个几乎可以说是偶然的机会，使他选择了梵文作为自己学习的目

标。季先生讲:

> 1936年的夏学期开始了。我偶尔走到了大学教务处的门外,逐一看各系各教授开课的课程表。我大吃一惊,眼睛忽然亮了起来;我看到了Prof. Waldschmidt开梵文的课程表。这不正是我多少年来梦寐以求而又求之不得的那一门课程吗?我在清华时曾同几个同学请求陈寅恪先生开梵文课。他回答说,他不开。焉知在几年之后,在万里之外,竟能圆了我的梵文梦呢?我喜悦的心情,简直是用语言文字无论如何也表达不出来的,实不足为外人道也。

于是季先生立即果断地做了决定,选梵文。他说:"如果说我毕生的学术研究真有一个发轫的话,这个选择才是真正的发轫。"

事情的确如此。季先生的学术生涯,就从这个起点开始。

这位Waldschmidt教授,不仅教授季先生梵文,后来还成为季先生的博士生导师。德国的博士生导师,德文有一个叫法叫做Doktorvater,用中文直译,意思是"博士父亲"。季先生对他的这位"博士父亲",怀着终生的尊敬。季先生成为Waldschmidt教授的学生时,Waldschmidt年纪还并不算大,不过他在印度学研究方面已经取得了显著的成就。

从1935年末至1940年,五年半的时间,季先生在哥廷根大学学习的情况,可以从《学海泛槎》中所附的一份"Studienbuch(学习簿)"看得很清楚。这份学习簿记录的内容非常实在,它显示了季先生在德国留学,学习的是些什么课程。其中最主要的,是季先生的"主系"印度学的课程,这些课程包括:

1936年夏学期

Prof. Waldschmidt 初级梵文语法

1936年–1937年冬学期

Prof. Waldschmidt 梵文简单课文

Prof. Waldschmidt 译德为梵的翻译练习

Prof. Waldschmidt 印度艺术和考古工作(早期)

1936年夏学期

Prof. Waldschmidt 马鸣菩萨的《佛所行赞》

Prof. Waldschmidt 巴利文

1937年–1938年冬学期

Prof. Waldschmidt 印度学讨论班:《梨俱吠陀》

Prof. Waldschmidt 印度学讨论班:南印度的土地和民族的基本特征

1938年夏学期

Prof. Waldschmidt 艺术诗(Kunstgedicht)迦梨陀娑

Prof. Waldschmidt 印度学讨论班: Bṛhadāraṇyaka-Upaniṣad

汉学讨论班

1938年–1939年冬学期

Prof. Waldschmidt 巴利文:《长阿含经》

Prof. Waldschmidt 印度学讨论班:东土耳其斯坦的梵文佛典

Prof. Waldschmidt 印度风俗和宗教

1939年夏学期

Prof. Waldschmidt 梵文Chāndogyopaniṣad

Prof. Waldschmidt 印度学讨论班：Lalistavis-
tara

1939年秋学期

Prof. Sieg 印度学讨论班：Dandin的《十王子传》

Prof. Sieg 《梨俱吠陀》选读

1939年–1940年冬学期

Prof. Sieg 印度学讨论班：Kāś ikā

Prof. Sieg 《梨俱吠陀》选读

1940年夏学期

Prof. Sieg 《吠陀》散文

Prof. Sieg 讨论班：Bhāravi的Kirātārjunīya讲读

这就是季先生所学习的主要的专业课程。我们
看到，在印度学方面，为季先生上过课的，前后只有两

位教授，即Waldschmidt和Sieg。Sieg教授本已退休，但因为在1939年末，Waldschmidt被征入伍，他接替Waldschmidt承担了教学的工作。如果不是因为战争，能为季先生上课的，恐怕只有Waldschmidt一位教授。学生呢，实际上也只有一位，就是季先生。偶尔有插班进来的其他学生，数量很少，时间也不长。以我们今天中国的规矩，这样安排教学的情形，很难想象。我们总是要求，一个专业，要有多少多少教授，多少多少"博导"，多少多少博士生、硕士生。可是到现在为止，我们培养出了像季先生一样或有可能与季先生相似的人物了吗？我们有这种可能吗？

梵文学习了几个学期以后，Waldschmidt答应季先生做他的博士研究生。季先生跟Waldschmidt商定了论文题目，开始撰写博士论文。在《学海泛槎》里，有一章的题目是"博士论文"，详细地讲了这件事。

季先生的博士论文的指导，仍然基本上是Waldschmidt教授一个人完成的，没有什么"指导小组"，没有什么"梯队"。论文研究和写作，整个过程是在战争时期。Waldschmidt教授多数时间不在哥廷根，只是在短期回哥廷根休假时给季先生提出一些指导的意见。Sieg教

1987 年，德里印度总统府，会见印度总统 Ramaswamy Venkataraman

授，在Waldschmidt教授不在的时候，也为季先生的论文做过指导。

季先生的博士论文，题目是Die Konjugation des finiten Verbums in den Gāthā des Mahāvastu（《〈大事〉中伽陀部分限定动词的变位》）。这种题目的论文，与现实社会毫无关系，可是有学术性，而且是很强的学术性。用另外的话说，是有很高的学术含金量。所以Waldschmidt教授完全认可。而且，就是这篇论文，奠定了季先生后来一生学术事业最根本的基础。

1940年12月和1941年2月，季先生顺利通过先后两次博士论文口试，获得博士学位。但这时战争正在进行中，季先生无法回国。

在这前后几年的时间里，季先生得到机会，跟Sieg教授学习吐火罗语。这也成为季先生学术领域里后来十分为人看重的一个方面。

季先生自己讲，他一生中，在学术上对他影响最深，他也最感念的老师，有三位，他们是：Ernst Waldsch-midt, Heinrich Lüders和陈寅恪。这其中的Lüders，季先生没有见过，但季先生特别佩服他的学问。再有，Lüders还是Waldschmidt的老师，也是陈寅恪在德国柏林大学留学时的老师。

陈寅恪先生且不论，我们看这两位德国学者的学术特点。

首先是Lüders。季先生自己称他为"太老师"，从学术的继承性讲，季先生师从Waldschmidt，也等于师从Lüders。在二十世纪前期欧洲的东方学和印度学界，Lüders的地位和成就众所公认。Lüders是柏林大学的教授，普鲁士皇家科学院的院士。他以研究印度的语言、古碑铭、宗教，后来又包括在中国新疆出土的梵文佛教文献而著称于世。季先生讲："他的书，只要我能得到，就一定仔细阅读。"季先生最称赞Lüders的著作*Philologica Indica*（《印度语文学论集》）。季先生说：

> （这）是一部很大的书，我从头到尾仔细阅读过一遍，有的文章阅读过多遍。像这样研究印度古代语言、宗教、文学、碑铭等的对一般人来说都是极为枯燥、深奥的文章，应该说是最乏味的东西。喜欢这样文章的人恐怕极少极少，然而我却情有独钟；我最爱读中外两位大学者的文章，中国是陈寅恪先生，西方就是Lüders先生。这两位大师实有异曲同工之妙。他们为

文，如剥春笋，一层层剥下去，愈剥愈细；面面俱到，巨细无遗；叙述不讲空话，论证必有根据；从来不引僻书以自炫，所引者多为常见书籍；别人视而不见的，他们偏能注意；表面上并不艰深玄奥，于平淡中却能见神奇；有时真如"山穷水复疑无路"，转眼间"柳暗花明又一村"；迂回曲折，最后得出结论，让你顿时觉得豁然开朗，口服心服。人们一般读文学作品能得到美感享受，身轻神怡。然而我读这两位大师的论文时得到的美感享受，与读文学作品时所得到的迥乎不同，却似乎更深更高。

季先生真是神往于此了。

Lüders其他的著作还有许多。其中最著名的，可以举出如：*Bruchstücke buddhistischer Dramen*, *Bruchstück der Kalpanāmaṇḍitikā des Kumāralāta*, *Beobachtungen über die Sprache des buddhistischen Urkanons*, *Mathurā Inscriptions*, *Bhārhut Inscriptions*。遗憾的是，在中国，即便是在所谓的印度学界，今天知道和了解Lüders及其著作的人还是很有限。

再就是Waldschmidt。他是季先生的授业老师。

Waldschmidt一生的成就，主要包括两个方面：一是研究中国新疆出土的梵文写本，即德国人称作的Turfanfunden或Turfan-Sammlung；二是研究印度艺术以及印度艺术在中亚和南亚其他地区的传播。在这两方面，Waldschmidt发表过许多论文，出版过多种著作。他从上个世纪的六十年代起，主持了由德国学术研究会（DFG）资助的大型的研究项目，叫做*Sanskrithandschriften aus den Turfanfunden*（《吐鲁番出土梵文写本》），全面地整理和出版上个世纪初德国探险队在中国新疆所掘获的古代写本中梵文文献。同时作为哥廷根科学院的一项研究计划，还编辑出版一套辞典，叫做*Sanskrit-Wöterbuch der buddhistischen Texte aus den Turfan-Funden*（《吐鲁番出土佛教文献梵文辞典》）。这两项工作一直持续到现在。

　　1967年，为了纪念Waldschmidt七十岁的生日，在哥廷根出版过他的一部论文集，题目叫*Von Ceylon bis Turfan*（《从锡兰到吐鲁番》）。从这个题目，就可以看出Waldschmidt的研究特点。Waldschmidt在退休以前，一直是哥廷根大学的教授，中间还担任过柏林的印度艺术博物馆馆长。Waldschmidt去世于1985年。1980年，季先生重访哥廷根，最后一次见到了他的这位恩师，当时Waldschmidt已经把他与他夫人私人的住宅和藏书全部捐献给了哥廷根大学的印度学与佛教学研究所，夫妇二人一起住进了养老院。三年以后，他的夫人，也是季先生的师母Rose-Leonore Waldschmidt也去世了。这位师母，季先生在文章里不时表示出深情的怀念，也是一位研究印度艺术的专家。

陈寅恪先生是季先生在清华时的老师。有关陈寅恪，近年来国内不少人在讨论或谈论，因此这里不再多谈。

如果我们真正读过季先生的所有学术论文，就可以看到，季先生的学术研究，在不同的方面，不同的程度上继承了他的这几位老师的特点。

从完成博士论文，到战争结束，最后回国，季先生还在德国停留了几年，这几年里，季先生写成了四篇论文。这四篇论文分别是：

一，Parallelversionen zur tocharischen Rezension des Puṇyavanta-Jātaka（《吐火罗语本〈福力太子因缘经〉诸异本》）

二，Die Umwandlung der Endung -aṃ in -o und -u im Mittelindischen（《中世印度语言中语尾-aṃ变

为–o和–u的现象》

三、Pāli Āsīyati（《巴利语中的Āsīyati》）

四、Die Verwendung des Aorists als Kriterium für Alte und Ursprung buddhistischer Texte（《应用不定过去时的使用以断定佛典的产生时间和地区》）

这几篇论文，与季先生的博士论文一样，是季先生在德国学习和研究的成果，也有很高的学术价值。可惜同样的研究工作在季先生回国后，几乎就没有条件再进行下去。不过，在40年代后期和50年代，季先生发表的几篇在国内学术界极有影响的文章，实际上与季先生在德国得到的学术训练密不可分。至于季先生在50年代及六七十年代翻译出的大量的梵文文学作品，包括印度史诗《罗摩衍那》，更是以季先生在德国学成的梵文为根本的条件。"文化大革命"以后，季先生有机会得到一批新疆新出土的吐火罗语的残本，他重操旧业，在吐火罗语研究方面取得了崭新的成果，这就是他与一位德国学者、一位法国学者合作，1998年在德国出版的 *Fragments of the Tocharian A Maitreyasamiti-Nāṭ-aka of the Xinjiang Museum, China*（《吐火罗文〈弥勒会见记〉译释》一书。

季先生在德国完成的这四篇论文，其中一篇发表在德国 *Zeitschrift der Deutschland Morgenländischen Gesellschaft*（《德国东方学会学报》），另外两篇发表在 *Nachrichten der Akademie der Wissenschaft in Göttingen*, Phil.–Hist. Klasse（《哥廷根科学院院刊》）。前者是欧洲最著名的东方学刊物之一；后者作为科学院的院刊，"熟悉德国学术界情况的人都知道，科学院院刊都是享有至高无上的权威的刊物"。几十年来，季先生在国际学术界的影响和地位，实际上最早和最主要就来自他的这数量不多的几篇学术文章。这一点，知道的人似乎不多。季先生自己讲，"可惜因为原文是德文，在国内，甚至我的学生和同行，读过那几篇论文的，为数甚少。介绍我的所谓"学术成就"的人，也大多不谈。说句老实话，我真感到多少有点遗憾，有点寂寞。"季先生为此感叹不已。近年来，不少人在介绍和讨论季先生的学术和学术思想，写出了不少文章，出版的书也不止一种，不过这样的情形却似乎仍然没有什么改变。

最后，做一个总结，是本文开头讲的话，如果从季先生的留学经历来思考他的学术成就，只就学术而言，我以为可以得到这样的结论：

一，学习与外国研究相关的学科，不可不出国留学。我们可以设想，季先生如果不到德国，就不会有后来学术上的成就。季先生自己也是这样讲。

二，出国一定要找到高明的师傅。季先生在德国师从的，都是当时相关学术领域中世界顶尖级的学者，"师法乎上"，才能学到顶尖的学问。这也是非常重要的。其实这也是一个通例。我们看过去一个世纪，在国外留学、学有所成、回国后又真正有建树的中国留学生，几乎无一不是如此。

三，在学有所成后，要在国际学术界自己的专业领域里展现自己。就像季先生最早的学术论文发表在当时欧洲最有影响、最有地位的学术刊物上，所以能为国际上的学术同行所了解，获得高度的评价。季先生几十年来在国际学术界的声望，不是凭空得来的。

明乎于此，我们就多少可以知道，季先生是怎样走上研究东方学的道路，以及我们今天应该怎样学习季先生治学的门径。

（原载《季羡林先生与北京大学东方学》，阳光出版社，2011）

我们怎么研究东方文学
——缅怀季羡林先生时的感想

2009年7月11日，季羡林先生离开了我们。季先生是北京大学东方语言文学学科的开创者，也是中国东方文学、东方学研究的奠基人和开创者之一。季先生的离去，让我们无限悲伤。

1946年秋，北京大学建立东方语文学系，季羡林先生担任首任系主任。其后六十多年间，东方语文学系先改名为东方语言系，再改为东方语言文学系，最后在上个世纪的九十年代改名为东方学系。1999年，北京大学成立外国语学院，东方学系并入外国语学院，并陆续分解，最后形成现在外国语学院下属的南亚、东南亚、西亚、日本、朝韩、阿拉伯、亚非七个系。如此的变化，不得不让人相信季先生不止一次说过的中国的一句老话：天下大势，合久必分，分久必合。学科的分分合合，系名的数次变化，映射出的其实是大半个世纪中国高等教育和学科建设的曲折过程。几十年间，这一切，发生在北京大学，实在具有典型的意义。

季先生系主任的任职，除了上个世纪六十至七十年代"文化大革命"间中断过十年以外，一直到八十年代的前期。但即使不做系主任，其后很长一段时间里，他仍然担任了众多的行政和学术职务，直到九十年代中期。季先生高寿，享年九十八岁，一生著述丰赡，学术经历极其丰富。大半个世纪以来，他身体力行，做出楷模，被公认为中国的东方学、东方文学以及相关的其他一些研究领域中成就最大、资历最高、影响最广、最具有世界性眼光的学术带头人。

季先生是北京大学的教授。北京大学的外国语言文学，尤其是其中的东方语言文学学科的建设，六十多年来与他密切相关。而且，季先生关心的，也不仅仅是东方，很多时候也包括外语的其他学科，上世纪八十年代，在经过"文革"的动乱以后，学术研究重新开始恢复之际，北京大学创办的《国外文学》，就与季先生有直接的关系。季先生担任过《国外文学》的第一任主编。他对推动国内的外国文学研究长期以来不遗余力。今天的中国，外国文学的研究即使不说是蔚为大观，但至少已经形成一个比较大的局面。《国外文学》创办至今，也已经成为国内外国文学研究方面最重要的学术刊物之一，这中间有季先生很大的贡献。《国外文学》能有今天这样的局面，离不开季先生。

我们缅怀季先生，忘不了季先生一生对学科建设的贡献，更忘不了他在学术研究上为我们指示的路径和做出的模范。"高山仰止，景行行止。虽不能至，心向往之"。东方语言和文学的研究，是季先生一生成就中最重要的一部分，季先生在这方面的意见，此时值得我们重新认真地做一番梳理和思考。但即使这样，我有一种感觉，季先生的一些想法，要得到人们真正的理解，也许还要等一段时间。《国外文学》的刘锋老师，希望我就此写一篇文章，纪念季先生。以下我就根据自己对季先生的了解，谈一下自己的感想。个人的感想，不敢说都对，不过是想以学术方面的一些思考来表达对季先生的深切怀念而已。

我的第一点感想：季先生的学术生涯不完全是从研究东方文学开始，但一生却在东方文学研究方面取得了巨大的成就。

这个问题，从我三十年前开始跟季先生念研究生，对季先生有了较多的了解之后，就在思考。季先生年轻时爱好写作，还在清华大学念书的时代，他就开始写作散文。对文学曾经表现出很大的兴趣，但他到德国留学，作为研究生，研究的却不完全是文学的题目。留学德国，是季先生一生学术生涯的真正起点，这是季先生自己说的话。季先生在德国，主要的精力，是在学习印度古代的语言，也还有中亚的古代语言，其次也学习过欧洲的一些现代语言。他完成的博士论文，题目是Die Konjukation des finiten Verbums in den Gāthās des Mahāvastu（《〈大事〉中伽陀部分限定动词的变位》）。《大事》是印度佛教说出世部的一部重要经典，用一种被称作佛教混合梵语的语言写成。季先生的研究，是从语言学的角度分析这部经典中的部分动词的各种变化形态。这是季先生一生学术研究的起点，也是奠定他在国际印度学界地位和影响最主要的著作之一。但是，作为佛经，《大事》的内容实际上是讲释迦牟尼前半生的事迹，我们完全也可以把它看成是一部传记性的文学作品。季先生的研究，从语言出发，很容易就可以进入到所谓的文学研究的范围。季先生后来确实也是这样做的。

同样的还有季先生1943年在德国发表的另一篇论

文 *Parallelversionen zur tocharischen Rezension des Puṇyavanta-Jātaka*（《吐火罗语本〈福力太子因缘经〉诸异本》）。论文研究的对象，是吐火罗语文献。所谓的吐火罗语，是本世纪初在中国新疆境内通过考古而发现的属于印欧语系的一种古语言。对这一语言及其文献的研究，对了解古代民族的迁徙和融合，中西文化的交流，有着非常重要的意义。季先生利用不同语言，包括汉文中同一本生故事的各种文本，对吐火罗语的语词、语意、故事传译中的变化等问题做了深入的探讨。这样的研究，从语言上讲，涉及面很广，牵连到对整个古代印欧语系各个语言的系属分类，与印度有关，有些问题又与中国有关。这个题目，很难说究竟属于语言的研究，还是属于文学的研究，或者用时下人们更喜欢的学科名，还是属于比较文学的研究。好像都是，又好像不完全是。

我以为，季先生的成功，如果说有什么奥秘，这可能就是其中之一。季先生在看似不同但又有所联系的学科和研究领域之间，游刃有余，首先在于他掌握了一件利器，即语言，然后又能根据需要，随时从一个领域里的问题转移到另一个领域的问题。他能使用各种"武器"，十八般武艺俱全，自然就能开创出种种新的局面。季先生的成功，其实不仅仅在于文学研究。我们看季先生所有的著作，不得不赞赏他涉及范围的广大，赞赏他知识的广博，不仅广博，同时还专精。这很了不起。实在地说，我们今天少有人比得上。季先生这样的经历，能给我们什么启示呢？

由此我还想到另一个问题：从季先生的学术经历来思考，我们应该怎么培养学生？

按照时下的学科分类，北京大学外国语学院属于外国语言文学学科。外国语言文学是一级学科，一级学科之下与东方语言文学相关的，是印度语言文学、日本语言文学、阿拉伯语言文学以及亚非语言文学四个二级学科。这四个二级学科合起来也就可以说是整个的东方语言文学学科。东方文学则是这个学科的一部分。虽然东方语文学系的建立当时不仅仅是为了发展中国的东方文学研究，但实际的情况是，在过去的六十多年里，在东语系的范围内，虽然实践语的教学取得了相当大的成绩，但坦白地说，研究方面则有待提高。这些年，不时有人讲，我们应该怎样培养大师。又有人问，几十年来，我们是不是已经培养出了大师？答案在哪里？在季先生的身上，也包括从上一个世纪以来在学术史最有成就的一些中国学者的身上，其实就能找到一些。我们今天的情况当然已经有了很大的变化，但过去的经验一定程度上是不是还可以参考呢？语言是根本，文学是方向之一，但眼界却不能局限于此。学生们在我们这里最后学到的"武艺"，是不是应该争取多一些？

我的第二点感想：如果要研究东方包括东方文学，我们应该怎么做？

回答这个问题，本来不需要我再在这里多讲什么。要了解季先生的意见，最简单的办法，是读季先生的文章。季先生的意见，在他发表的很多文章里已经讲得十分清楚。更重要的还有他的研究著作，其中有最好的实例和榜样。只是话说到这里，使我想起季先生十六年前的一次讲话。

1993年，当时的东语系刚改名为东方学系，在一次全系教员的大会上，系主任陈嘉厚老师专门请季老做一次讲话，讲应该怎么研究东方，包括研究东方学和东方文学。那天季先生讲的话，总结起来，主要有三点，要研究外国，尤其是东方，对我们大学的教员来说，应该注意三点：第一要学好对象国的语言；第二要学好中文；第三要注意国内外，尤其是国外研究的动向，为了这一个目的，还要学好用好英语，因为英语已经成为国际上最通行的语言,要了解世界和跟国外交流,很多时候,最方便的是使用英语。

季先生的讲话,给我的印象很深。但我不知道,季先生讲的三点,当时得到了多大的回应。我只知道,对我们来说,研究外国包括东方,研究外国文学包括东方文学,首先要学好相应国家的语言,这一点毋庸置疑。但问题是,什么叫"学习好"呢?"学习好"三个字,好到什么程度,可以有不同的理解。我以为,季先生虽然是从正面在鼓励我们,但这正说明我们的水平是不够的。实际的情况是不是这样呢?我们的专业外语水平,在国内也许还算可以,但与季先生他们那一辈老的学者比较,我们的水平怎样呢?我们这批人,因为历史的原因,受到的训练不完整,不专精,即使与上世纪五十年代较早毕业的一些年长的同事们相比,我们恐怕都要差一些,遑论其他。学习语言,没有止境。我们需要努力,永远都需要努力。

其次是第二点,季先生特别提到要学习好中文,外语系的人需要学习中文吗?虽然这在我看来也是毋庸置疑的事。但实际情况却并不都是如此。记得当时一位年纪跟我差不多的教员,下来跟我讲:"季先生讲,我们要学习好外语,我赞成。但要说学习中文,中文我们不是生来就会吗？"我听到此话，一时真有点不知道该怎么回答的感觉。他大概确实就是这样想。这样想的同事，也许还不止一位两位。对这样的想法，能说什么呢？我只能笑笑而已。可是我们看看那些曾经在近代中国学术史上，而且就是北京大学历史上在外国文学研究上最有成就的前辈们，哪一位不是在外文与中文两个方面都有很深的造诣，哪一位不是因为这样而有所成就？不仅东语，其他的英语、俄语、西语，无一例外。我们东语的季羡林先生、金克木先生，曾经担任过英语系系主任的胡适先生、梁实秋先生、林语堂先生，担任过西语系主任的冯至先生，所有这些前辈，我们与他们相比，如果讲中文水平，至少在我自己看来，只能说感到惭愧。

再有第三点，季先生讲，我们研究一个题目，应该对国内外相关的研究状况有所了解，了解越多越好，同时我们还应该学好英语，这才利于交流。我们这些人，做的题目，基本上都与外国有关，然而这一点我们做到了吗？对国内的研究状况，也许基本还能知道，国外的呢？对象国的呢？还有其他国家的呢？我觉得，在这一点上，我们过去是有问题的，十几年过去了，情况虽然好了一点，但仍然很不够。还有，我们以东方国家的文学或者东方国家的历史文化作为研究对象，我们的研究成果，我们发表的论文，是不是也应该让对象国的学者知道，或者被他们在研究中引用呢？今天的世界，已经连成了一个整体，我们在国际上自己专业的学术圈子——所谓世界学术之林——内，是不是也应该有所表现呢？是不是也能够像去年奥运会上的中国体育代表团，在全世界面前，多少显示一下我们的实力呢？如果我们有的话。

其实，岂止是英语，如果必要，或者有能力，我们研究东方语言文学或者东方文化历史的人，再多掌握一两门，甚至更多一点的语言，即使程度上可能有一定的限制，也是极有用的。季先生通解多种语言，所以在研究中能够左右逢源，就是我们的榜样。

季先生那天讲的那些话，季先生自己说，是老生常谈，是卑之无甚高论。季先生说话，总是谦虚而低调，但在我看来，他的话却实在很重要。到今天为止，季先生讲的这三点，是不是应该成为我们做研究最基本的要求和目标呢？

我的第三点感想，是文学研究与文化乃至历史等问题研究的关系。

这点感想，是从读季先生的学术著作和论文而生发出来的。我们看季先生的著作，其中有我们现在可以明确划入东方文学方面的，也有很多很难说属于哪一类的研究。上面举了季先生在他学术研究的早期，在德国发表的两篇文章作为例子。下面再以季先生在东方文学——更具体讲是印度文学——方面的工作来说明我的感想。

众所周知，从上个世纪的五十年代开始，季先生就开始翻译印度的古典文学作品，而且成绩斐然。但这方面季先生最大的成就，莫过于在"文革"期间，悄悄地把将近两万颂（首）诗的印度古典长诗《罗摩衍那》完整地翻译成了中文。"文革"以后出版，鸿篇巨制，共七篇八册。作为史诗文学的代表之一，《罗摩衍那》虽然在世界文学史上非常著名，可是，印度语言以外真正的全译本，只有英文和中文两种。而且季先生的翻译，用的也是诗体。"十车翻蚁垤，百国追彦琮"（香港饶宗颐先生贺季先生八十寿辰联语），这在中国已有两千年传统的梵学史上，增添了一段佳话，实在是一件值得大大标举的丰功伟绩。

但季先生所做的，并不仅仅是一般的翻译。为了解释《罗摩衍那》书中一些一般人不了解、不熟悉的词语，他加了许多的注，内容涉及到印度文化的很多方面①。在翻译工作结束的前后，季先生还出版了一部篇幅不大的书《罗摩衍那初探》。我们看书中章节目录，就可以了解季先生在翻译时的关注点，不只是我们一般所讲的文学。这些章节的题目包括："性质与特点""作者""内容""所谓原始的《罗摩衍那》""与《摩诃婆罗多》的关系""与佛教的关系""成书的年代""语言""诗律""传本""与中国的关系"，这些题目，与《罗摩衍那》有关，与文学有关，但同时也涉及到其他文化历史的许多方面。例如书中最长的"成书的年代"一章，讨论的其实是古代印度社会的性质和历史分期问题。

再一个可以举出的例子是季先生在1998年在德国出版的 *Fragments of the Tocharian A Maitreyasamiti-Naṭaka of the Xingjiang Museum, China*（《中国新疆博物馆藏吐火罗语A〈弥勒会见记〉残本》。这是一部研究古语言文献的著作，但只要读过这部书就会知道，语言的释读和文献的整理固然是季先生最基本、最重要的贡

---

① 我粗略地统计了一下，季先生的汉译本《罗摩衍那》一共有2512条注。虽然注有长有短，有的简单，有的长一些，但译者这样认真的态度在国内出版的翻译作品中恐怕很少见。

献，但书中讨论到的问题却远远超出语言和文献本身，而涉及到民族文化交流、宗教信仰以及地区历史等一些非常广泛的内容。例如季先生在这里提出，应该来考虑古代印度及西域戏剧与中国古代戏剧起源的关系这样的问题，用研究上的一句称赞的话讲，可以说是"孤明先发"。

我的第四点感想，是怎样对待研究的理论问题。

季先生对许多问题都做过研究，但却很少直接讨论理论。是不是季先生不关心理论呢？好像也不是。我听季先生说过，他五十年代十分信服马克思主义的理论。这在那个时代不奇怪。但后来，尤其是经过"文革"，他发现，不同的人，对马克思主义有不同的解释。有教条主义的解释，而且有的走得很远，说得也很奇怪。也有实事求是的解释。他说他只相信"实事求是"。他不是不认可理论的价值，但只认可经过证实能说服人、有学术效力、同时还有较长生命力的理论。例如王国维的一些说法，季先生一直就很欣赏，不时提到。但对这些年来如走马灯似转换不停的各种时髦的理论，他却好像是敬而远之。季先生自己讲，他最喜欢的是实证性的研究，最服膺的是胡适讲的"大胆假设，小心求证"。学生们在他的指导下完成学位论文，至少最基本的部分，他要求的，也是要有实证性。

实证，实事求是，不说空话，是季先生做研究的特点。理论，要经过验证，然后考虑接受。对新理论，季先生很谨慎小心。

我的第五点感想，与比较文学有关。

季先生是改革开放以后的老一辈学者中最早提倡比较文学研究的人之一。他推动比较文学的研究不遗余力。季先生自己，研究的既是印度文学，也往往可以称作是比较文学。总结季先生研究的特点，与上面讲到的理论问题一样，最明显的特点，也是重视实证。古代的印度文学，通过佛教，对中国曾经产生过很明显的影响。近代印度的泰戈尔，跟"五四"以后中国新文学的发展也有关系。因此，季先生研究印度文学，不只是就印度文学论印度文学，而常常是将印度文学与中国文学，包括中国文学中的民间文学作纵和横的对比。

比较文学现在已经是一个很大的学科，研究的范围很广。我的印象，做比较文学研究的人，往往喜欢应用新的理论和方法。这当然不能说就不好。但对季先生而言，他仍然讲求的是实证。对于作品和作家研究中X与Y的比较模式，季先生不以为然。一些人写文章，文章之中，古今中外，无人不可以比较，无事不可以比较。于是季先生就问："试问中国的屈原、杜甫、李白等同欧洲的荷马、但丁、莎士比亚、歌德等有什么共同的基础呢？有的有的：他们同样是人，同样有人的思想感情。但是，根据这样的基础能比出什么东西来呢？勉强去比，只能是海阔天空，不着边际。"①这样的文章至今还经常见到。季先生将近二十年前的意见，难道不值得我们再考虑一下吗？

我的感想还有许多，类似的也还可以再列出几点，但篇幅所限，不能再多讲了。最后总结一句话，季羡林先生是我们在学术上的楷模，季先生用他大量的学术著作，他的学术成就，留给了我们一笔巨大的学术财富。这笔财富，它的价值，我们不仅要有所认识，更要学习、继承和发扬。我用这句话，来结束这篇纪念性的文字。

（原载《国外文学》2009年第4期）

---

① 《对于X与Y这种比较文学模式的几点意见》，《季羡林文集》第八卷，江西教育出版社，1996，494页。

梵学、印度学、东方学与中国文化研究
——季羡林先生的治学范围和路径

　　2009年7月11日，季羡林先生突然离开了我们。季先生的离去，让我们深感悲伤。在中国近现代的学术史上，从很多方面讲，季羡林先生都可以说得上是最杰出的学者之一。在上个世纪的四十年代末以前就已经成为教授，站在中国学术前沿的老一辈学者中，季先生相对年轻，同时享年甚高，他走之后，他们那一辈学者，就很少有人在世了。这一定程度上代表了中国近现代学术一个时代的结束。

　　纵观季先生一生的学术研究，涉及颇广，很难用一两个词语或者某一两个学科的名称来加以概括。季先生最主要的研究领域，是梵学、中亚的古代语言、印度文学与印度学、佛教语言、文献和历史以及中印文化交流史。所有这些，都与印度以及古代中国称作"西域"的一大片地区的文化有关，同时也与中国的历史和文化密切有关。季先生的学问，就横跨在中国和印度，中国和西域之间。有人认为，季先生是印度学家，或者也可以说是东方学家，但中国的文化和历史，却不在他研究的范围内。这实在是一种误解，甚至可以说是无知。

对于一般人而言，季先生的学术领域，其实十分冷僻。尽管冷僻，他却在所有这些方面都取得了杰出的、无论在中国还是在国际上都具有标志性意义的成绩，获得了广泛的赞誉。季先生的这些成就，已经成为中国近现代学术史上的亮点之一。如果进一步仔细考察，还可以发现，季先生的研究成果，实际上是中国近代以来，两代甚至三代学人力图在学术研究上追踪国际前沿、调整学术方向、开拓新的研究领域、应用新的研究方法和研究工具、实现转换、同时争取与国际学术对接的努力的一部分。

季羡林先生早年毕业于清华大学西洋文学系，1935年赴德国，在哥廷根大学主修印度学，副修英国语言学和斯拉夫语言学。季先生先后学习过梵语、巴利语和吐火罗语，同时还学习过阿拉伯语、俄语、南斯拉夫语等语言，1941年获得印度学博士学位。这时第二次世界大战正在激烈进行，欧亚之间交通断绝，季先生只能滞留德国，继续从事学术研究。

也许让人多少有些奇怪的是，虽然战争在这时已经进入炽热阶段，但在德国，在特定的条件下，学术研究仍然还是在进行。在战争期间，季先生不仅完成了他的博士论文：Die Konjukation des finiten Verbums in den Gāthās des Mahāvastu（《〈大事〉中伽陀部分限定动词的变位》），同时还发表了两篇学术论文：《吐火罗语本〈福力太子因缘经〉诸异本》（《德国东方学会学报》，1943）；《中世印度语言中语尾 -aṃ向 -o和 -u的转化》（《哥廷根科学院学刊》，语言历史类，1944）。

《大事》是印度佛教说出世部的一部重要经典，用一种被称作佛教混合梵语的语言写成。季先生的研究，是从语言学的角度分析这部经典中的部分动词的各种变化形态。这是季先生一生学术研究的起点，也是奠定他在国际印度学界地位和影响的主要著作之一。

吐火罗语是古代中亚的一种语言，主要流行于今天中国新疆的焉耆和库车地区。这个语言以及使用这个语言的民族早已消失，上世纪初通过考古发掘，人们才知道这个语言的存在。在论文《吐火罗语本〈福力太子因缘经〉诸异本》里，季先生通过对不同语言，包括汉文中"福力太子故事"的各种文本，对吐火罗语的语词、语意、故事传译中的变化等问题做了深入的探讨。吐火罗语及其文献的研究，对了解古代民族的迁徙和融合中西文化的交流，有很重要的意义。论文《中世印度语言中语尾 -aṃ 变为 -o 和 -u 的现象》则是讨论古代印度西北方言的语言特点。由于印度古代西北方言在早期佛教典籍的传播史上有着特别重要的意义，其流行的地域又与中国新疆连接，研究这种语言的特点和它在民族迁徙、文化交流上所起的作用，其重要意义不言而喻。此外，季先生1949年在德国发表的《应用不定过去式的使用以断定佛典的产生时间和地区》（《哥廷根科学院学刊》语言历史类，1949）一文，实际上也写成于这段时间。这几篇论文，在研究印度中世语言尤其是佛教语言的学术界，几十年来，一直作为重要文献被引用。从这几篇论文已经可以看出，季先生从事研究的重要特点，是在掌握多种语言的基础上，从分析语言特点入手，结合其他材料，发现新问题，提出新观点。同样的论文，还有1947年直接用德文在《华裔学志》上发表的《巴利文的 Āsīyati》。

1945年5月，欧洲的战争终于结束。第二年，1946年的春天，季先生从德国回到中国。经陈寅恪先生推荐，在当时北京大学的校长胡适先生、代理校长傅斯年先生和文学院院长汤用彤先生的支持下，担任北京大学教授，同时担任新建立的东方语文学系的系主任。北京大学在这个时候设立这样的一个系，背后其实蕴含有很深的意义。胡适、陈寅恪、傅斯年以及汤用彤，都是中国学术界当时最重要的领军人物。设立东方语文学系，可以说是他们的一项重要的战略性的决定。聘请季羡林先生担任系主任，则是为了使中国的东方语言和东方学研究可以尽快地与国际学术对接。

可惜后来形势的变化不可逆料，五十年代到六十年代，东方语文学系先改名为东方语言学系，再改名为东方语言文学系。改革开放后的九十年代，再改名为东方学系。九十年代末被陆续分解，最后成为现在北京大学外国语学院下属的南亚、东南亚、西亚、日本、朝韩、阿拉伯、亚非七个系。如此的变化，不得不让人相信季先生不止一次说过的中国的一句老话：天下大势，合久必分，分久必合。学科的分分合合，系名的数次变化，折射出的是大半个世纪中国高等教育和学科建设的曲折过程。几十年间，这一切，虽然只是发生在北京大学，实在具有典型的意义。半个多世纪后的今天，回过头去看，尽管名称和体制变化不已，但坦率地说，上面说到的那几位学术前辈当年创设东方语文学系时的理想和想要达到的目标,只有很少的一部分得到实现,而且还主要是改革开放以后三十年间的事情。中国近代的学术,与中国近代所努力追求的现代化进程一样,其间的艰难与曲折,岂一两句话可以说得清楚!

回到国内以后,研究的环境与条件跟德国有很大的差异,季先生调整了自己的研究方向和题目。如果说,季先生此前的研究主要集中在梵学、印度学和中亚古代语言方面,那么在此之后,他把研究题目越来越多地跟中国的语言、文化和历史联系了起来。到北京大学的第二年,1947年,季先生在当时国内级别最高的学术刊物《中央研究院历史语言研究所集刊》上,发表了《浮屠与佛》一文。这篇文章,最初也是经陈寅恪先生推荐而发表。在这篇文章里,季先生充分利用了自己在印度和中亚古语言方面的功底和娴熟于各种佛教佛典的长处,对汉文中"佛"与"浮屠"(佛陀)两个译名的来源、出现的先后做了细密的考证。"佛"与"浮屠"二名的来源,看来细微末节,实际则反映出与佛教在中国最早传译的过程有关的诸多重要的问题。这篇文章,由小而见大,见微而知著,发前人未发之复,体现了季先生研究的一大特点。文章发表以后，立即引起国内学者们的关注。如果说，季先生前期在德国用德文发表的那几篇论文，是他在国际学术界的成名之作，《浮屠与佛》一文则是他在国内学术界的另一名作。在此之后，季先生陆续又发表了好些性质相似的文章，其中最重要的有：1948年为纪念北京大学建立五十周年而撰写的《论梵文ṭḍ的音译》；1949年撰成的《〈列子〉与佛典》和《三国两晋南北正史与印度传说》。后两篇文章及《浮屠与佛》一文，还被译成英文，在几种不同的外文学术刊物上发表过。

因此，从这个时候开始，季先生的研究，他发表的论文，已经从各种角度涉及到中国古代的历史和文化。季先生这样做，当然不是没有原因：首先，古代印度，作为南亚文明的发源地，在文化上与东亚的中国有极多的接触，中印文化交光互影，例证比比皆是。其中最大的一件事，就是产生于印度的佛教在公元前后传到了中国，在中国后来有了极大的发展。中印两大文明古国，在物质文化和精神文化两个方面，互相学习，互相交流，这在整个世界文明的发展史上，是一件很了不起的事，其间有很多值得认真研究的题目。清华时代季先生的老师之一，学术界公认为一代宗师的陈寅恪先生自德国返国后，在清华任教的最初十年里，对这一方面的问题也非常注意。季先生治学的门径、方法，以至兴趣，一开始就明显受到陈寅恪先生的影响。在中印两大文化之间，陈寅恪先生尤其注意二者之间的中间区域，即中亚地区古代不同民族、语言、宗教之间相互交融、相互影响的关系。季先生极为服膺寅恪先生在这方面的见识，他在德国学习的虽然主要是印度和中亚的语言，但研究的对象和使用的材料却大量来自中国古代翻译的佛教典籍。在涉及中国的学问方面，季先生原来就有很好的基础。从研究印度和中亚的古语言、佛教的典籍，更多地转到与中国有关的题目上来，不只是顺理成章，更可以说是得心应手，虽然说季先生一方面是因应时势，但另一方面也可说是觅得又一英雄用武之地。季先生把研究的方向更多地转向与中印文化交流有关的题目，虽然他同时也没有放弃对梵文的研究。

1956年，由印度政府发起，纪念佛教的创始人释迦牟尼涅槃两千五百周年。季先生因此写成《原始佛教的语言问题》一文，论证佛在世时，不仅不使用，而且明确禁止比丘们使用梵语来学习佛法，巴利文律藏里讲的 saka nirutti 一句，不是指"佛自己的语言"，也不是指"文法"，而是指"比丘自己的语言"。季先生同时引用了相应的汉译律藏，来证明这一点。对于原始佛教而言，究竟有没有、是不是使用一种确定的语言，是国际印度学和佛教学界长期争论的一个热点问题。季先生在德国发表的论文，也涉及到这一问题。1953年，美国著名的梵文学家 F. Edgerton 出版了他花费数十年之功而编成的两大册巨著《佛教混合梵文语法和辞典》。书中提到季先生此前论文中的一些观点，表示了不同的意见。季先生在1958年见到这部书，因此又写成《再论原始佛教的语言问题》，为自己的看法再做论证。1981年，季先生重访德国，见到一些德国出版的新书，其中有1976年在哥廷根召开的一个专门讨论"最古佛教传承的语言"研讨会的论文集。季先生在读了与会者们发表的全部论文以后，颇有一些不同的看法，于是又写成《三论原始佛教的语言问题》。这一篇文章，篇幅大大超过前面两篇同一标题的论文，更完整地表达了他对这一问题的观点。三篇文章，加上另一篇《中世纪印度雅利安语二题》，合成一册，总题为《原始佛教的语言问题》，在1985年单独出版成书。这本书，是国内这类著作中唯一的一种，但是却表现了中国学者在这一研究领域中的最高水平。

对于季先生这方面的研究，国内学术界也许了解不

1989 年，在剑桥大学东方学系

多，但国外学术界却十分注意。举一个例子，在荷兰出版的一种国际学术杂志《印度伊朗学学刊》1995年的2、3两期合刊号，是祝贺"巴利圣典会"（Pali Text Society）当时的主席、剑桥大学教授K. R. Norman生日的专号，第一篇文章，便是伦敦大学的T. H. Barret教授撰写的《季羡林论佛教最初的语言》，专门介绍季先生在这一问题上的观点。

上个世纪的五十年代，中国和印度两国间关系不错，文化交流很多。中国和印度都有一些学者致力于中印文化关系方面的研究。季先生是其中之一。中印之间，在有文字记载的两千多年的历史中，有无数的交往，从表面看，是中国从印度学来的东西多，印度从中国学去的东西少，因此，曾经有一些国外的学者认为，中印文化的交流，是"单通道"（One-way traffic）。季先生不同意这样的说法，他认为，中印之间两三千年友好的关系，有很多特点，其中最突出的一条就是互相学习，各有创新，交光互影，互相渗透。为了说明他的看法，季先生先后撰写了《中国纸和造纸法输入印度的时间和地点问题》（《历史研究》，1954）、《中国蚕丝输入印度问题的初步研究》（《历史研究》，1955）以及《中国纸和造纸法最初是否是由海路传到印度去的？》（1957）几篇文章，说明中印之间不是"单通道"，而是"双通道"（two-way traffic）。造纸和养蚕缫丝的技术，是古代中国人民对世界文明的最伟大最重要的贡献之中的两项，研究纸和造纸技术的西传，丝和丝绸在古代物质文化交流中的历史和作用，牵涉的范围很广，其实不限于中国和印度两个国家，不言而喻有很重要的意义。同样性质的研究，还有季先生着手多年、在上世纪九十年代末才基本完成的对古代制糖术历史的研究。这一题目，不仅涉及到中国、印度，还涉及到波斯，甚至阿拉伯、埃及和东南亚。通过人类生活中最常见的糖和制造糖的技术怎样产生，又是怎样在国家和民族之间交流，不断提高、发展的一部复杂而有趣的历史，季先生想说明，不管是精神文明，还是物质文明，各个民族、各个国家都是需要互相学习，而又都做出了各自的贡献，季先生为此最后写成一部题名《糖史》的几十万字的大部头著作。季先生在写书之时，他的眼光，既注意到中国的物质文化史，更注意到古代各个文明之间物质与精神文化之间的交流。这样高水平的学术著作，不仅在国内，在国际上也不多见。

在从事上面讲到的几个方面的研究的同时，从上世纪五十年代中期到六十年代初，季先生还把印度最著名的几种古典梵文作品《沙恭达罗》《优哩婆湿》《五卷书》译成了汉文。七十年代中前期，正是"文化大革命"时期，他被安排在北大学生宿舍看门，中间他偷空悄悄地将总共将近两万颂诗的印度古典长诗《罗摩衍那》全部译成汉文。"文化大革命"结束以后，八十年代，《罗摩衍那》得到出版的机会，陆续印出，鸿篇巨制，一共七篇八册。《罗摩衍那》是世界文学史上著名的史诗，可是，印度语言以外真正的全译本，只有英文和中文两种。季先生的翻译，使用的也是诗体。"十车翻蚁垤，百国追彦琮"，《罗摩衍那》翻译的完成，在中国已有两千年传统的梵学史上增添了一段佳话，实在值得大大标举。但季先生又不仅限于简单的翻译，他同时就印度古典文学以及近代印度的诗圣泰戈尔的生平和作品，写了许多文章，包括像《〈罗摩衍那〉初探》这样的专著。国内研究印度文学，这些文章和书，都不可不参考。季先生这方面的研究，还有最大的一个特点，那就是，他不只是就印度文学论印度文学，很多时候是将印度文学与中国文学，包括中国文学中的民间文学作纵和横的对比。这些研究，在中印之间、中西之间，说是属于比较文学的范围，更合适。季先生在这方面发表过不少文章。更重要的是，他有关比较文学研究的意见，非常精到。1991年北京大学出版社出版的季先生的《比较文学与民间文学》一书，主要收入的就是这一类的文章。

佛教语言和文献研究是季先生最早的本行，在有新材料和新机会的时候，季先生总是有所成就。1986年，季先生撰写有一篇长文——《论梵文本〈圣胜慧到彼岸功德宝集偈〉》。这篇文章中，先生通过对文献本身以及其语言的分析，对大乘佛教的起源、阶段的划分、般若类经典的来源等提出了自己的新的看法。在佛教史研究方面，先生也撰有一系列文章，最主要的有：《原始佛教的历史起源问题》（1965），《关于大乘上座部的问题》（1981），《论释迦牟尼》（1981），《商人与佛教》（1985），《佛教开创时期的一场被歪曲被遗忘的"路线斗争"——提婆达多问题》（1987）。这些文章，有的很长，如《商人与佛教》，将近十万字，都表达了先生对佛教史上一些重要问题的见解和看法，新见迭出，大多是发前人所未发。很长一段时间来，季先生就有一个想法，希望从新的角度撰写一部新的《印度佛教史》，可惜最终未能实现。

中国唐代高僧玄奘撰写的《大唐西域记》，是近一百多年来中国少有的在国际上享有很高声望的一部名著。欧洲和日本的学者，从19世纪，便开始翻译和研究，并利用书中的材料，在中亚和印度的考古、历史、语言研究方面获得了一系列重大的成果。遗憾的是，作为玄奘的同胞，中国学术界对这部书，过去虽然也有人做过一些零星的工作，但直到上世纪七十年代，整体的研究尚付阙如。北京大学的向达先生曾经积极创议由中国学者重新整理这部书，可惜后来因"文化大革命"而未能实现，其间向先生自己也不幸去世。"文化大革命"后，工作重新开始，由中华书局组织一批学者，季先生总负其责。1985年，工作完成，《大唐西域记校注》正式出版，原文、前言、注释等加在一起，约六十三万字，集合众力，可说是国内当时西域史研究和古籍整理方面的一项重要成果。校注工作中，季先生审阅初稿，进行修改，还亲自改写了不少注释条目。前言《玄奘与〈大唐西域记〉》，由他独自撰成，长达十万字，实际是一篇全面论述《大唐西域记》学术价值及其所涉及问题的长篇论文。这部书出版以后，得到各方面的好评，在国内先后获得一系列的大奖。但季先生觉得，这还只能算是一个阶段性的成果，他希望能够重新组织学者，把对这部书的研究提高到一个新水平。可惜由于种种原因，这个愿望在他生前没有能够实现。

1998年，季先生在德国出版了一部专著《中国新疆博物馆藏吐火罗语（A）〈弥勒会见记〉》（*Fragments of the Tocharian A Maitreyasamiti-Nataka of the Xingjiang Museum,China* ）。这是他在上个世纪七十年代末接受新疆文物主管部门的委托，释读和研究在新疆吐鲁番新发现的吐火罗语 A（焉耆语）的《弥勒会见记》的成果，是季先生作为中国学者在吐火罗语研究方面的一大新贡献，其间也得到德国和法国学者的协助。通过新的研究，季先生不仅进一步说明吐火罗语在汉文化与异域文化交流中的作用，而且找出了吐火罗语中来自汉语的词汇的例证，说明文化交流中的双向现象。作为剧本的《弥勒会见记》，对中国古代戏剧的发展有什么影响，则是中国戏剧史研究中前此从未有人提出过的问题。对此，季先生提出了自己的意见。

我们可以看到，季先生研究梵文，研究印度，研究佛教，在处理这所有相关的问题时，都有一种中国的意识和中国的眼光。谈到自己对佛教的研究，季先生写道："现在大家都承认，不研究佛教对中国文化的影响，就无法写出真正的中国文化史、中国哲学史甚至中国历史。佛教在中国的发展是一个非常有意思的研究课题。公元前传入中国，经历了试探、适应、发展、改变、渗透、融合许许多多阶段，最终成为中国文化、中国思想的一部分。"(《佛教与中国文化》，中华书局，1997，19页)季先生所做的研究，他所想解决的问题，大多就是从这一点考虑出发。

六十多年来，季羡林先生以实际的研究成就，为中国的东方研究在国际上争取到了一席之地。不仅如此，他在主持北京大学东语系的时候，身体力行，创设多种东方语言的教学项目，同时不遗余力地倡导东方学的研究，直至去世。多年来，为在中国开展印度学、中亚学、比较文学、敦煌吐鲁番学的研究，他参与建立相关的学会，组织学术会议，为此付出了大量心力。经过近三十年的努力，到了今天，中国的这些学科在国际上终于能够取得自己的一定的地位，这一切离不开季羡林先生。就梵学、印度学以及东方学的研究而言，在中国近现代的学术史上，如果说季羡林先生取得了最大的成就，有最大的贡献，这一点，我想没有人能够否认。但同时我们还不应该忘记的是，对于中国文化的研究，季先生实际上也做出了在中国近代学术史上几乎没有人能够替代的重要贡献。季先生在中国近现代学术史上的巨大成绩，将永远被人记住。

从研究印度和中亚语言开始，关注中印、中外文化交流互动的历史，为中国文化研究提出新问题，取径不落窠臼，结论时有新意，是季先生研究的一大特点。季先生的研究，既具备国际一流的学术水准，又具有中国学者的特点；既有世界性的眼光，又有中国的问题意识。他既通解多种外语，在研究中能够使用各类外语的原始资料，同时又能充分利用中国的材料，解释中国的历史和文化。由语言而文献、而文学、而历史、而文化，中印皆通、中西皆通，亦印度亦中国，辞章考据，既博且精，由细微而见大节，重考据亦通义理，季羡林先生一生治学的范围和路径，或许可以作如是的总结。

（原载《中国文化研究》2010年春之卷）

于道泉先生小记

　　于道泉先生是北京大学东方学系的前辈学者，可是我生也晚，知道于先生的名字，已经是在八十年代初，那时我在北京大学读研究生，而于先生却早已离开了北京大学。因为专业的关系，我那时读的书，与藏文和藏文的佛教文学稍稍有点儿关系。一次，我在大学图书馆一本外文的学术杂志上，偶然读到一篇书评，讲的是新出的一种《第六世达赖喇嘛仓央嘉错情歌》的英文译本。撰文者在评论这个译本时，提到了于道泉先生的名字，把新的英文译本与于先生几十年前的英文翻译作了一些对比。由是我生出了一些兴趣。我在图书馆，把于先生的书借了出来。翻过书，我才知道，于道泉先生是一位研究藏文的专家。

　　在这之后不久，记不得是因为讲到一件什么事，一次，我与同窗好友葛君（我们当时合住一间宿舍）提到于先生的名字。出乎我的意料，葛君告诉我，他与于先生非常熟悉，他们是忘年交。葛君很愿意带我去拜见于先生。他说，于先生待人，出奇的和气，虽然上了年纪，却很好客，尤其欢迎年轻人去看他。

于是我和葛君约好一个时间，去看于先生。于先生住在中央民族学院，在魏公村，从北大过去，骑车不过二十多分钟。我们挑了一个傍晚，葛君带着我，到了于先生的寓所，是中央民族学院家属院里的一座楼里的一处套房。进楼的时候，葛君还告诉我，在这座楼里，还住着一些名人，像吴文藻、谢冰心夫妇等等。

于先生果然很和气，虽然已经是八十多岁的高龄，但身体看去还很健朗。家里的陈设很简单，家里当时似乎也只有于先生一个人。因为葛君事先约过，于先生正等候着我们。

我们的谈话，就从《仓央嘉错情歌》和那篇外文的书评开始。我从北大图书馆把那篇书评复印了一份，取出来，送给于先生。于先生接过去，讲的第一句话，就让我有些吃惊。于先生说："我那本《仓央嘉错情歌》，是傅斯年给逼出来的。"

我心里不禁有些纳闷："于先生的《仓央嘉错情歌》的翻译或者说研究，在学术界不是已经成为名著了么？这样的书，怎么是给人逼出来的呢？"我的疑问还没有说出来，于先生继续讲下去："那时我在史语所，人年轻，做助理研究员。我当时想做一些其他的事，可是不顺利，因此一年多里没有出成绩。傅斯年是我的领导，很不满意，要我有个交代。《仓央嘉错情歌》的翻译，我原先就作了一大部分。有一份旧稿子，我把稿子拿出来，当作我在研究所的工作成绩。记音的事是赵元任先生做的；我作注释，还有汉文和英文的翻译。结果傅斯年说行，还给印了出来，就成了这本书。"

我属于"文革"以后才有幸进大学读书的那一批人，"中央研究院"史语所这个名字，我那时刚知道不久。至于傅斯年，则知道得更少。我当时心里只是想，这个傅斯年，真有些厉害，一逼，就从于先生那里逼出这样一本书来。

后来我才知道，于先生说的"其他的事"，是指他当时想要编一种藏汉佛教辞典，可是傅斯年不同意。傅斯年的不同意，也并不是傅个人的意思，而主要是陈寅恪先生的意见。陈寅恪先生认为，史语所出版的书，必须要有一定的学术水平，而在陈寅恪先生看来，编藏汉佛教辞典，不仅要精通藏文和佛教，还需要精通印度的梵文，当时于先生还不完全具备这些条件。傅和陈的意见，后来于先生自己也说是对的。

我们在于先生家坐了大概一个多小时。除了《仓央嘉错情歌》，还谈了些其他的事。我说我正在北大学习梵文，同时也想学点藏文。于先生鼓励我，立刻从书架上抽出一本他主编的藏汉辞典，就是那部有名的《藏汉对照拉萨口语辞典》，送给我。第一次见面，于先生就这样热心，我真有些感动。这本书，至今还在我的书架上，只是可惜当时没好意思请于先生签个名字作为纪念。

我后来真到中央民族学院学过藏文。教我们藏文的老师周季文和罗秉芬，都曾经是于先生的学生。周、罗二位老师第一次给我们上课，教藏文字母的拼写，也叫藏语拼音。这与西方学者使用的拉丁转写有些相似，但不完全一样。他们讲，这套体系，就是于先生制定的。我因此也算得到于先生的教益了。只是很遗憾，我学过的那点藏文，本来就不多，后来使用很少，现在大多已经淡忘。

我后来从葛君和其他朋友处，知道于先生更多的故事。于先生1934年离开了史语所，去国外留学。照于先生自己的说法，也是因为傅斯年"再三催促"，要他到国外进修。于先生先到法国，后来到过德国，然后到英国，主要是在伦敦大学的"东方与非洲学院"，学习、工作，也教书，前后十几年。一直到1948年或是1949年，才从欧洲回国，到了北京大学的东方语文学系——简称东语系，即现在称作的东方学系，讲授藏语。1952年院系调整，东语系的藏语、维吾尔语和彝语等专业被整个转移到新成立的中央民族学院，从此于先生就任教于中央民族学院，直到他去世。北京的朋友知道于先生故事的，大多发生在他在民族学院的这四十年间。于先生讲授藏文。五十年代国内培养的藏语人才，许多是于先生的弟子。他们中很多人在专业上都有所建树。

但是于先生的兴趣并不仅限于藏文的教学和研究，他一人在家，研究过数码代音字方案和机器翻译，研究过太阳能，甚至研究过磁疗。有一个故事讲，曾经有几年，粮食和副食品限量供应，不少人缺乏营养，于是于先生自己养羊，挤奶，还把他的经验介绍给大家，希望能够推广。我认识的与于先生相熟的人，都知道他的不少这类"轶事"。他们讲到于先生，大多认为，于先生为人做事，有两个特点：一是思想新，超前。比如上面讲到的他研究的数码代音字方案、机器翻译、太阳能、磁疗等，在四五十年代，能想到的人并不多，想到而能去做得更少，他却能不计功利地去做实验。二是有童心，比如他养羊挤奶这类的举动。他做前一类事，是想贡献于科学和学术，最终有益于社会；做后一类事，则是想用他自己的一点力量，去具体地帮助周围的人。一位学者，一位教授，有这两种品质，是值得人们钦佩的。于先生就是值得钦佩的一个人。而于先生的正直和淡泊名利，在认识他的人中，则是有口皆碑。

我的那次拜访，已经是十多年前的事。我见到于先生，其实就只有这一次。后来虽然也曾想过再去看他，终因怕给他添麻烦，没有再去过他那里。于先生去世，是在1992年的4月，当时我从国外回来不久，得到消息，已经是事后。那时真是再没有机会去看他了。

我对于先生所治的藏学，所知甚少。对于先生曾经有过兴趣或研究过的其他的学问，更是外行。于先生去世，已经好几年，但我却不时想到他。由于先生，又想到我们系和几十年来国内研究东方语文的一些情况。我最初知道于先生，是因为《仓央嘉错情歌》。后来又知道于先生通多种语文，曾经就在我们系任过教。从于先生那里，我又听到了傅斯年的与《仓央嘉错情歌》有关的故事。傅斯年先生一生，与史语所有最密切的关系。抗战胜利后，北大复员回到故都，傅先生做过一段时期代理校长。当时北大的东方语文学系，正是由傅斯年、胡适之、陈寅恪以及汤用彤几位先生的推动而建立起来的。在北大的东方语文学系，曾经集合了季羡林、金克木、于道泉、王森、马坚、马学良等先生，他们在当时和后来都是国内以至国际上研究一种或数种东方语言的十分优秀的学者。我后来读书，对傅斯年先生和史语所，还有胡适之和陈寅恪等先生有了较多的一些了解后，才体会到，最初在北大建立东方语文学系，实在与这几位在中国现代学术史上做出过重大贡献的学者所倡导的学术传统有密切的关系，也许可以说就是几位大师在国家的学术建设方面的计划的一部分。我这样说，还有其他的根据。东方语文学系或者说东方学系的第一任系主任季羡林先生，在前年写的一篇纪念东方学系建系五十周年的文章里就讲，"大概北大早就有建立这样一个空前未有的学系的想法"。这其中的动机，跟史语所当时的学术方针几乎一致。只是后来的情况发生了许多谁也无法预料到的变化，在国内建立一个以学术研究为主、包括多种东方语言的教学研究机构的设想没有得到完全的实现。

史语所建立，到今年整整七十年。几个月前，接到史语所的约稿信，要我写一篇与于道泉先生有关的短文。于先生既是史语所的前辈学者，也曾经是我们系的师长之一。我与于先生虽然只有不多的一点接触，但因为有这些原因，不能推辞，也就拉杂写下以上与于先生有关的点滴印象和想法。同时我仍在想，今天我们一方面怀念学术界的前辈，另一方面，是否更应该把前辈们建立的好的学术传统继承和发展下去呢？

1998年5月27日

（原载《新学术之路：中央研究院历史语言研究所七十周年纪念论文集》，台北"中央研究院"历史语言研究所，1998）

怀念周绍良先生

绍良先生走了，走得不算很突然，但当白化文先生打电话来，告诉我这个消息时，我毕竟有些吃惊：真的吗？绍良先生真走了吗？这大半年来，我知道名字的老先生中，陆续有一些去世，但大多我个人都不是很熟悉，绍良先生的情形就有些不同了。我与绍良先生，平常的接触虽然不算很多，但认识也已经有二十多年了。我知道，绍良先生近年来，一直在生病，常常是卧病在床。这中间我也曾经去看过他。每次看他，他的身体是显得比较弱，但精神还不错，每次都要说一阵话。我总想，这个年纪，身体有些病痛，虚弱一些，是自然规律，无论如何，活还是要活几年的。没想到绍良先生还是在这个时候就走了。

我最初认识绍良先生，是在上个世纪八十年代初，大概是1982年的秋天，那时我研究生刚毕业。此前我做的硕士论文，题目是《大唐西域求法高僧传校释》，内容涉及到多种古本的校勘。校勘中我已经使用过一些古代的刊本，但有一种我一直还没有机会看到，那就是《洪武北藏》。我听说在城南法源寺的中国佛教文物图书馆，收藏有这部书，于是就自己去了法源寺，想根据《洪武北藏》再做一次补校的工作。到了法源寺，找到管事的人，我讲了看书的要求。管事的人没有说可以，也没有说不可以，只说要请示，态度上表现出似乎有些不情愿。正在这个时候，绍良先生走进办公室，管事的人向他报告了我要看书的事。绍良先生转过身来，问了我一下看书的目的，就说可以，让人马上去书库把书取出来。这个时候，我其实还并不认识绍良先生。书取出后，我问那位管事的人，他才告诉我，这是周绍良先生，是佛教文物图书馆的馆长。绍良先生的父亲，是周叔迦先生。佛教文物图书馆的书，很多原本是周家的收藏。第一次见面，绍良先生就帮助了我。这件事让我从此对绍良先生心存感激。

此后的几天里，我在法源寺，除了根据《洪武北藏》校书外，还看了其他的一些书。这中间我又见到过绍良先生几次，跟绍良先生说过话，说的话虽然不多，但绍良先生待人谦虚平和，给我留下很深的印象。我后来渐渐知道，其实无论是谁，只要是真正地要看书读书，只要找到绍良先生，他都乐意帮忙。在佛教文物图书馆，我还认识了金申和吕铁刚。他们那时算是那里的年轻人。对于年轻人，绍良先生总是不吝鼓励和奖掖。这一点，在北京的学术界里，是众所周知，我后来也渐渐有所感受。

这次看书以后，八十年代的前几年，我还去过法源寺好些次，每次去，也都主要是看书。其间又见过绍良先生几次，每次绍良先生总问我最近在看什么书和做哪方面的研究。我很惭愧，在这前后，我才对绍良先生的学问，例如中国古代文学包括敦煌文学的研究，逐步有了了解。我居然没有注意到，我手边有的那一套《敦煌变文论文录》，就是由绍良先生和白化文先生合编的。还有，我读过的五十年代由人民文学出版社出版的《敦煌变文集》，除了几位著名的学者作为编者外，书的责任编辑，也是绍良先生。其实这都是我早应该知道的。

1987年6月，我在北京大学完成了我的博士论文，要做答辩。论文的答辩委员中，有绍良先生。我记得答辩中绍良先生提了一条意见，就是对于我在论文中讨论《南海寄归内法传》中讲到义净和尚滞留在南海室利佛逝国时，为什么会中途回到广州，又再重新回到室利佛逝这件事的解释，我当时用了一个"和尚心理学"的字眼，他认为在这里用这样的字眼欠妥。绍良先生说，这样讲不好。绍良先生的话，说得很温和。我当时没有感觉到有什么压力，因此也没有正面回答这个问题。但事后我自己反思，觉得这样的字眼用在这里，确实不妥。只是那时人比较年轻，写点东西，总有些想标新立异，出点新花样。这不过是一个小例子。十多年二十年过去，自己的年纪也大了，现在想来，大概就不会再讲这样的话了。经过这件事，我对绍良先生的性情与为人了解得更多了一些。后来与绍良先生接触再多一些，从他那儿，我得到一点体会，人的性情与为人，其实是一种境界。做事、说话、写东西，需要境界，而要达到一种境界，不是一件容易的事。在这些方面，绍良先生是榜样，我需要好好学习。

　　上个世纪的九十年代，有一个时期，绍良先生在中国佛协担任过副会长，同时兼任秘书长。有时我有机会参加由佛协出面召集的会议，会议常常是绍良先生亲自或者安排人通知我。记得曾经有一段时间，台湾的慈济，打算在大陆拍摄一部有关玄奘西行的电视片，与中国佛协联系，最初设想的计划很大。绍良先生让我参与策划。我们先后在广济寺，后来在其他地方开过几次会。剧本的初稿出来了，也拟出了大致的拍摄计划，但事情最后还是没有能够进行下去。绍良先生个人很支持这事，可惜这次没有成功。相同的题目，这几年倒听说有不少个人或单位打算要做，不知最后的结果怎样。

那天到八宝山，为绍良先生最后送行。悼念厅里，与先生做最后的告别，心里本来有些难过，但最后一次看到先生的面容，面容是安详的，似乎又得到几分安慰。佛教以平常心看待生死，认为一切都是因缘和合，生死不过在意料之中。绍良先生是佛教居士，一生在学术方面所做的研究，很多也与佛教有关。先生现在走了，用佛教的话来说，唯愿先生从此往生净土，得大安乐与大自在。我们在世的人，会永远记住先生的学术业绩，以及先生的温和、大度、宽厚和慷慨。

2005年9月21日

（原载《周绍良先生纪念文集》，北京图书馆出版社，2006）

忆念王永兴先生

知道王永兴先生去世的消息，我正在台湾。偶尔浏览网页，在网上看到报道。我立即跟李锦绣发邮件，表示深切的哀悼。当然，北大历史系为王先生举行的最后告别仪式，我不在北京，也就没有能够参加，这有些遗憾。

我认识王永兴先生，其实比较晚，机会也很偶然。大概是在上个世纪八十年代的中期，我因为要查一两种书，到学校的大图书馆，得到的回答是书在图书馆的某一个阅览室。我找到阅览室，进去，阅览室里只有一位年轻的女士在，似乎是管理阅览室的人员。问她，她说她是学生，阅览室是王永兴先生总负责，查书，应该先问王先生。这个阅览室，收藏的主要是敦煌方面的资料。于是我找了王先生，在什么地方也忘了，当然书是顺利地查到了。后来我才知道，那位女士，名叫李锦绣。

再以后，大概是在1988年，一天，季羡林先生把我叫去，说有一些陈寅恪先生读过的书，上面有陈先生阅读时写下的批语，需要抄录和整理，其中一部分是《高僧传》。抄录和整理中遇到一些问题，季先生已经看过一些，还有不少，要我也看一看。书在王永兴先生那里，具体的可以到王先生那里，跟王先生讨论。于是我去了王先生家。这是我第一次跟王先生比较多地讨论与学术有关的事。

那一些书，确实属于陈寅恪先生，其中包括新旧《唐书》和《高僧传》等。书中很多地方，有陈先生的批语。批语的字迹很小，也很潦草，不少地方辨识起来比较难。这项工作交到了王永兴先生这里，王先生自己承担了《唐书》的部分，《高僧传》的部分，已经有人做了一些抄录，但只是开了头，遇到了困难，就没有做下去。王先生对《高僧传》的内容也不是太熟悉，而且其中还有一些外文。于是王先生跟季先生商量，希望找人来做，季先生想到了我。其实我当时对接手这事有些犹豫。但王先生鼓励我，加上这是季先生要我做的事，我也就接了下来。此后有一段时间，我就断断续续地进行抄录，难以辨识的地方，查书或查其他的材料。中间有时候也跟王先生报告一下情况。但这事后来有了变化，大部分快完成的时候，已经到了上个世纪的九十年代。有人表示不满意，大致的意思是说，陈寅恪先生是名人，我们做这事，是想靠陈先生出名，不仅陈先生的学生想靠陈先生出名，连学生的学生如今也想要靠陈先生出名。当王先生把这话讲给我听的时候，我心里不禁怵然一惊：王先生和季先生都是陈先生的学生，我是季先生的学生，是不是就属于陈先生的学生的学生之列？我自己可并没有想由此出名。从此我就对这事的结局有了几分畏惧。我把整理和抄录的陈先生的批语，最后都交给了一家出版社，算是了结了这事。后来这家出版社出版了陈寅恪先生的这些读书笔记，中间的这些故事，当然不会有人再提起。对这件事，王先生有很大的意见。现在王先生已经作古，我由此想起这件事情。我跟王先生那一段时间往来比较多，熟悉起来，就是因为这件事。

1994年，我从中关园搬到了蔚秀园。一天，我骑车回家，前面一位老人，提着一些菜，走得很慢。我仔细一看，原来是王先生。我赶紧下车，问王先生，才知道他也搬到了蔚秀园，刚从外面买了菜回家。我让王先生把菜放在我的车筐里，推车跟他一起，一直把他送到家。我记得他好像是住的二楼。他住的楼，离我住的楼其实很近，我们是邻居。这时我才知道，王先生当时是独身一人。所以我此后有时也就去他那里看看，跟他说几句话。王先生的家，陈设很简单，给我的印象，除了书以外，就只有一些最基本的生活器具。不过，后来我知道，他最后有了人照顾。我为王先生高兴。一次，在周一良先生家，周先生告诉我，他为此写了一份祝辞，写的是"唐作之合"。周先生也为这事而高兴。

　　说到所谓老师与学生的问题，王先生是陈寅恪先生的学生，这我早就知道。上个世纪八十年代的中后期，陈寅恪先生还没有像后来那样被人广泛注意，或者说还没有被发现居然有这么多的"价值"，炒得这么热，我知道，在那个时候，王先生就已经在一些场合讲到陈先生的学术人格和成就，到了后来，有关陈先生的书一本接一本地出，许多人都声称自己与陈寅恪有多少多少关系的时候，这方面的事，王先生似乎反而讲得少了。我想，王先生很早就讲到陈寅恪先生，怀念自己的老师，只是想报答师恩，哪里是想靠陈先生出名呢？王先生在学术上的成就，在中国史研究的领域内，为人所熟知，王先生本来就有名。王先生是在改革开放的早期，学术界还几乎没有想到陈寅恪、陈寅恪几乎还是陈腐的象征的时候，讲陈先生，那是为了倡导陈先生的学术精神和学术传统，这与时下往往以谁是谁的老师、谁是谁的学生来证明甚至制造自己的身份、获取名声，有根本的不同。

王永兴先生对于我，属于师辈。只是王先生研究的唐代经济、政治和军事史，以及敦煌的世俗文书等等，这些方面的学问，我大多外行。王先生一生坎坷的经历，我知道一些，不多。对王先生学术上的成就，我只能理解一部分，就这一部分而言，我就已经很佩服。不过这些都不用我讲。我跟王先生的交往，其实也并不多。从我跟王先生有限的交往中，我感觉王先生做事认真执着。他性格耿介，直言无忌，很值得钦佩，但这一点，大概也是他一生中遭遇挫折的原因之一。老一辈的师长，这些年中，不少都已经陆续故去，他们一生不同的经历，对我们而言，部分已经成为历史，其中很多地方其实值得我们感念和学习。

1997年春，我家从蔚秀园搬到燕北园。王先生不久也从蔚秀园搬到了燕北园，于是我们仍然还是邻居。我在院里，有时能见到王先生，有时还到他家里，取李锦绣从社会科学院带过来的东西或小坐一下。王先生这时虽然已经是高龄，但看上去身体仍然还健朗。最近这一年，我没有特别的事，也就没去他家，在院子里也没有见到他，没想到，我在台湾时，却得到他去世的消息。

过去的话说："桃李无言，下自成蹊。"王先生不会炒作，他自己也很少出现在公开的场合。王先生是比较"安静"的学者，惟其如此，王先生才是一位真正的学者。也正因为如此，王先生和王先生一生的学术成就，更让我们感念。虽然我说这样的话，在现今看来，也许有点过时甚至迂腐。

2009年4月14日

（原载《通向义宁之学》，中华书局，2010）

幸运的三年
——回忆社科院研究生院

从社科院研究生院毕业，已经是十六年前的事，回想起在社科院研究生院那三年里的经历，我总是想说，这三年，对我来讲，是幸运的三年。

1979年秋，我从四川考入中国社会科学院研究生院作研究生。在考研之前，我是四川大学历史系七七级的学生。我们七七级，是"文革"后招生制度由"推荐"改为考试，第一批录取的学生。说实在的，能考进大学读书，我那时觉得，已经是非常的幸运。因为在此之前，我几乎没敢想过，我还能进大学。"文革"开始时，我是初三的学生，虽然年纪还不大，但已经开始懂事。六十年代中期，阶级斗争的理论已经深入人心，什么事都讲阶级和阶级路线。有这样的革命道理，我明白，我的家庭出身，既然不属于"红五类"，要想跨进大学的门，很难。"文革"

中，我和绝大多数中学生一样，先是到广阔天地，接受贫下中农的再教育，后来回到城里，在一处粮站当工人。这样当了三年的农民，五年的工人，居然还轮上有机会考大学，是真考，而且又考上了，怎么能不让我感觉是一种幸运！进大学不过一年多，居然又能让考研究生，而且居然又考上了，这一切对我而言，可以想象，又是怎样的一种幸运！我不用讲我当时的高兴。我也不以为这就是我自己的本事。我只觉得是我的幸运。如果再要套用当时的什么话来说，是"政策好"，碰上了。不然，我看见过的，好些有本事的人，在"文革"中，在"文革"前，就因为没有这样的机会，不是也就没能圆上念书或念研究生的梦么？

我说我幸运，这是第一条。

但我当时的幸运还有第二条。那就是，我考上的是北京大学的季羡林先生指导的研究生。能给季羡林先生作学生，现在想来，对我个人而言，真是幸运。但这件事，我最初并没有预料到。我那时进大学不久，没有多少见识，考研究生，不过是遇上了机会。我在四川大学，最早打算要报考的，是本校本系的一位教授的研究生，我没想到还会有其他的选择。可是，就在我已经快要正式报名的时候，我知道系里的一位教师，也要报考这位教授的研究生。这位教师的年纪比我还小一些，是已经毕业的工农兵学员，与这位教授在同一教研室，同一专业。在我们的面前，她已经属于老师之列。遇上了这样的竞争对手，依照我在"文革"中获得的那点社会经验，我觉得，在名额有限的情况下，我要再考这个专业，不会有我的戏。但我毕竟有些不甘心。我在研究生招生目录上继续寻找，看还有什么专业和学校，我既能报考，自己也还觉得会有兴趣。我在招生目录上发现有中国社会科学院研究生院一栏，又在这一栏下发现了季羡林先生的名字。我那时已经知道，季先生是一位有名的学者，他的专业与印度有关。但究竟怎样有关，季先生研究的究竟是些什么东西，我其实并不很清楚。我只是觉得，既然考本校本系的事不行，索性胆子大一些，报一个北京的院校，即使不成功，考不上，面子上似乎也能稍微好看一点。季先生的大名，他要招的研究生的专业，社科院研究生院的牌子，这几条，加在一起，正符合我当时的这些心思，于是我在志愿一栏里填上了社科院研究生院。后来的事如我上面所讲，多少有些出乎我的意料，我居然就考上了。我从此走上了我现在的这条生活道路。我后来常想，人的一生，有许多路口，其中有那么几个，往往就决定人的命运。对我来说，77年的高考是其中一个，79年的考研，则又是一个。不是考研中的这点小小的波折，我大概就不会报考社科院研究生院的研究生，更不会有机会跟随季先生学习，以至后来与季先生在一起工作，今天的我就会是另外的一种情形。在这件事上，我不能不相信命运。

我再讲我幸运的第三条。

那年的9月，我拿到社科院研究生院的通知。通知上讲，我已经被录取，要我在指定时间到北京大学的南亚研究所报到，地点在北京大学的六院。通知报到的那个日子，正好是我的生日。我至今有时还在诧异，为什么会有这样一个巧合？我按照要求，在那天坐火车到达北京。到车站来接我的，是川大的一位同学的朋友，他已经在北大念法律系的本科。我们一起到北大。报到的手续一切顺利。到了北大，我才弄清楚，为什么会要求我到北大报到，而不是其他地方，原来南亚研究所是由中国社会科学院与北京大学合办，研究所不在别的地方，就在北大静园的六院。研究所的人员，一部分属于北大，另一部分属于社科院。同样地，我们研究生的学籍，一部分在北大，一部分在社科院研究生院。我属于学籍在社科院研究生院的那一部分。不过，我们所有的研究生，都住在北大，在北大上课。因为我的学籍在研究生院，户口和粮食关系也就落在研究生院。那时的研究生院还没有自己的安身之地，借住在北师大。于是我每月骑自行车去一趟北师大，领取我的粮票。去几次北师大以后，我才知道，社科院的研究生院因为刚刚建立，正在艰难创业的阶段，虽然在专业课方面有分属于社科院的各个所的研究人员兼作教师，但自己的研究生和管理人员的工作和生活条件很有些困难。与我们在研究生院的大多数同学们比，南亚所的这一批研究生，在北大这块宝地上，各方面的条件真可以说优越得不知有多少倍。我们南亚所的研究生都很幸运，这其中当然也包括我。

我不用讲北大生活上的方便，这包括多方面的内容。我自己觉得，我们在北大，最大的好处，是处身于北大这个大环境大氛围中。北大完全不视我们为外人，我们佩带着北大的校徽，我们实际上就是北大的一员。北大那时也刚好招了两届研究生，总数有两三百人。我们与北大的研究生住在一起，吃在一起，一样的选课，一样的参加考试。北大有这样好、藏书这样丰富的图书馆，我们有研究生的借书证，可以随意地在那里读书、借书。北大更有这一大批名师名教授，我们可以自由地选听他们开设的课

1991 年，波恩德国总统府，与德国总统 Richard von Weizsäcker 合影

程，而课程的内容大多很精彩。我那时的感觉，真是如入宝山。我记得，在读硕士研究生的三年里，我先后就听过周一良、邓广铭、宿白、李赋宁等先生讲课。这些先生，在我未到北大之前，就已经知道他们的大名，却从未想到还能有机会亲聆他们的教诲。至于我的导师季羡林先生，更不用说，渊博之至，和气之至，随时都可以请教。直到今天，我还常常想，在中国，读书做学问，能有这样一批老师们作指导，有北大这样的好地方，能说不幸运吗？

六院是一处不大的院落，建筑雅致，花木扶疏，就在北大来说也是一个好地方。从我到六院报到的那天起，一直到现在，除了中间有几年没在国内，六院成了我几乎每天都要去一阵的地方。时间过去快二十年了，六院的一草一木，到今天对我都还显得一样的亲切。

七十年代末和八十年代初，是"文革"后人们思想最解放、最活跃的几年。北大是领风气之先的地方，对这些变化，往往感觉最早，感受最切。那时北大大概有八千学生，有人自称为"八千精英"，口气虽然太大了点，但其中确实不乏慷慨悲歌之士，胸怀远大之人。学生，也包括研究生中不时会生出什么"潮"，有时还会闹点惊人之举。我自己是一个很驽钝也很本分的人，身处其间，虽然大多是在一边作旁观，心里却常常被感动。今年是北大的百年校庆，许多人在讲北大传统，我不知道这是不是也应该算作北大的传统之一，虽然好像少有人提起。现在讲到我作研究生的这三年，回忆当年岁月，不禁想到这一点。我们当时有机会直接领受到北大的风气，在我看来，也要算作是一种幸运。

我们南亚研究所78、79两个年级，一共二十名研究生。其中十三名学籍在社科院研究生院，七名在北大。我们的导师，有的属于北大，有的属于社科院，还有的来自另外的单位。感谢我们的导师们，也感谢南亚所所有的老师，更感谢北大当年对我们的帮助和照顾。我不敢说，我们南亚研究所的这一批研究生现在已经有多大的成就，但有一点可以肯定，这批同学中的大多数，至今还坚守在各自的专业岗位上，在自己的领域内，有大小不等的成绩。我们今天唯有以此报答国家，同时报答我们的师长。

社科院与北大合办的南亚研究所，后来因为种种原因，没有能继续合办下去。实在地讲，这是一件非常可惜的事。我后来在一处地方讲，南亚所十多年里，做过或做成了不少的事，其中最成功的一件事，就是培养了我们这批研究生。当年南亚所的同学和同事都赞成我的看法。

这其中，当然也有社科院研究生院的一份辛劳。

考上研究生，是我的幸运。考上南亚研究所季羡林先生的研究生，更是我的幸运。我读研究生的这三年，是幸运的三年。

1998年4月26日

（原载《与改革开放同路》，中国经济出版社，1998）

我与《南海寄归内法传校注》

　　《南海寄归内法传校注》由中华书局出版了。这是我单独在中华书局出的第二本书。如果还加上由季羡林先生主持，我也参与其事的《大唐西域记校注》，这也可以算是我跟中华书局发生关系的第三本书了。回想八十年代初，我为书稿的事，第一次走进中华书局的大门，开始与书局的编辑——主要是现已退休的谢方先生——打交道，转眼之间，已经有十四五年。十多年来，与我有过往来的出版社，不止一家，但往来最多，时间最长的，就我个人而言，是中华书局。我有时想，这大概就是一种缘分吧。因此，当《文史知识》的柴剑虹先生向我提议，写一篇短文，谈谈自己当时是怎样作《南海寄归内法传校注》的，我便毫不犹豫地答应了。原因很简单，我对中华书局，尤其是书局的编辑谢方先生，怀有深深的感激之情。

至于说谈"治学"经验，其实不敢当。

话还是从我与中华书局的交道开始讲起。1979年至1982年间，我在中国社会科学院和北京大学合办的南亚研究所念研究生。我当时的专业，是中印文化关系史。导师是北京大学的季羡林先生。我的硕士论文，是研究和校注唐代义净的《大唐西域求法高僧传》。三年研究生毕业，完成的就是后来在中华书局出版的《大唐西域求法高僧传校注》。完成这本书，使我对整理和研究这一类性质比较特殊的古籍有了一些初步的经验。其后不久，我作为在职人员，考上了北京大学东语系的博士研究生，研究方向是佛教语言、文献与历史。导师仍然是季羡林先生。做博士生，第一件事，是要定下博士论文的题目。依照当时的情形，我最初的打算，是整理一部梵文的佛经。可是又由于一些原因，这个题目最后给放弃了。但当时的情形是，不管做什么，总得定下一个题目。这时，我手里的《大唐西域记校注》最后的工作接近结束，我为这部书，正不时往来于北大与中华书局之间。《大唐西域记校注》是中华书局出版的"中外交通史籍丛刊"的一种。这套丛书的书目，最早由北大的向达先生所选定，"文革"前出了几种，因"文革"而中辍，"文革"后在谢方先生主持下又重新开始。计划出版的书中，除了我已经完成的《大唐西域求法高僧传校注》，还包括《南海寄归内法传》。谢方先生因此建议我，既然已经作了《大唐西域求法高僧传校注》，何不接下去把同样是义净写的《南海寄归内法传》也作了？这部书一直还没有人承担。我一想，是否就用这件事来作论文题目？我跟季先生商量，季先生觉得可行。于是作《南海寄归内法传》的事和论文的题目就这样都定了下来。

义净的《南海寄归内法传》，从书的内容讲，对我并不陌生。它可以说是《大唐西域求法高僧传》的姊妹篇。我在作后者的整理和校注工作时，已经读过，不仅读过，而且使用了其中不少材料。在这其间，我已经知道，《南海寄归内法传》这部书，在欧洲和日本的印度学、汉学，尤其是佛教学研究的圈子里，从上个世纪末起，就很负盛名。日本明治时代，有几位年轻的僧人兼学者，被派到欧洲学习梵文以及相关的一些科目。他们后来回到日本，成为日本近代佛教学、印度学研究的开创者。其中最有名的一位就是后来主编《大正新修大藏经》的高楠顺次郎。高楠在英国的牛津学习，师从的是当时研究梵文和比较宗教学的大家马克思·缪勒（Max Müller）。高楠在牛津做的最重要的工作，就是把《南海寄归内法传》翻译成英文。当然，高楠所做的，不只是简单的翻译，他对书中许多地方，作了很多注释，又为全书写了一篇颇长的引言。高楠的工作，用近来常被人提到的一句话来形容，完全是照着"现代学术规范"来做的。这不奇怪，因为高楠等人当时到西方去要学习的，马克思·缪勒等人要教他们的，正是这一套。高楠翻译的《南海寄归内法传》，在牛津出版。这部书也成为近代日本佛教学和梵学研究从旧式传统转变为新的现代科学研究的代表作之一。在书的前面，有马克思·缪勒写给高楠的一封信，信中对义净的原书和高楠的翻译在学术上的价值做了很高的评价。高楠后来也以此在德国莱比锡获得了博士学位。如果说，在此之前，欧洲知道《南海寄归内法传》的学者还不多，高楠的翻译一出版，加上马克思·缪勒的推扬，欧洲学术界差不多就都知道这部书了。法国的伯希和，从敦煌掠走一万多卷极珍贵的汉文写卷，他编目录，第一个号，就给了《南海寄归内法传》。这中间虽然也可能有一定的随机性，但无疑与伯希和早就知道，又特别注意这部书有关。

讲这些，也许离题稍远了点。我的意思只是想说明，当我定下作《南海寄归内法传》时，与此相关的，有些什么背景。因为通过作《大唐西域求法高僧传校注》和《大唐西域记校注》两本书，我已经明白，做任何研究，第一件事，就是弄清楚此前有些什么人，做过些什么工作，只有这样，才可能既避免重复劳动，又争取超过前人。

我调查了，尽管人们——最早是佛教徒，后来加进了学者——都承认《南海寄归内法传》是一部有价值的书，但真正对它做过全面研究的，早一些的，只有日本江户时代最著名的佛教学者慈云尊者，近一些的，就是高楠顺次郎。前者代表了佛教研究"旧学"的最高水平，后者则是近现代学术的成果。我要做的事，应该是既向他们学习，又要在自己的工作中体现新的内容，最好是在某些问题上有所突破。我反复仔细地读了收入《大正藏》中的《南海寄归内法传》和收入《大日本佛教全书》的慈云尊者的《南海寄归内法传解缆钞》，再加上高楠的书。我得到的印象是，如果分别从当时的学术条件看，两位前辈学者的工作确实做得相当不错。这为我的工作奠定了一个较好的基础，但也给我要想达到的目标提出了更高的要求。我的工作，是在二十世纪的八十年代进行，高楠完成他的书，已经是近九十年前的事。我能做的，可以利用的，主要就是这几十年来由于学术的进步或发现所取得的与此相关的成果。当然，这些也只是条件，一切还要看自己的努力。

依照《中外交通史籍丛刊》的体例，我的工作，首先应该为《南海寄归内法传》整理出一个新的校勘本。高楠的书，使用的是一个很晚的清代的刻本，清刻本本身文字上就有一些不可靠的地方，这在英译文中也反映了出来，或是翻译不通，或是将错误在翻译中沿袭了下来。所以，整理出一个"精校本"，是绝对有必要。这点我完全理解，也已经有了一些经验。我搜寻各种古钞本和古刻本。我给自己立下的要求，是收齐明代以前所有的古本，不管它们是在国内还是在国外。经过努力，我做到了这点。说到这里，我应该感谢这中间给过我热心帮助的任继愈先生、周绍良先生和李富华先生。我在校勘中使用了敦煌的唐钞本、日本所存的唐钞本、两种宋刻本、一种金刻本、一种高丽刻本，以及明代早期的三种刻本。

对于校勘《南海寄归内法传》这一类古籍，只了解和使用传统的校勘方法，还不够，还需要通晓印度方面的语言和文化知识。这方面我举一个例子。书中的第三十二章"赞咏之礼"，提到一个印度人名："毗输安呾啰"。其中的"输"字，多数刻本作"蹂"，只有金刻本和高丽刻本

2007年，北京医院，看望任继愈先生

作"输"。究竟该是什么，从汉文本身是无法判断的。但如果知道"毗输安呾啰"的梵文原名是 Viśvantara ，就很容易决定，应该是后者而不是前者。1994年12月，我到南印度的Kovalam开会，遇见德国马堡大学的一位教授M. Hahn，谈话间提到这事。他告诉我他曾经写过一篇论文，其中用了义净书中的材料，他发现书中的"踊"字不对，但高楠的翻译依据的原本中确实是"踊"。我说，这是传抄中的错误，我对比过所有的古本，有的错了，也有没错的。我新整理出的校勘本，已经对此做了纠正。

"输"字的校定,只是书中的一例。不过,这已经可以说明校勘的价值和作用。

在做校勘的同时或稍后,是作注释。作注这事,自古有之,但怎样作,注释里应该包括些什么内容,伸缩性很大。我吸取作《大唐西域求法高僧传校注》的经验,在选条上注意精一些,而内容上则尽量简明扼要。从形式上看,一般书中的注,大多是解释文字与词语,涉及的范围可大可小,内容可深可浅。慈云和高楠的书,很大部分成果就体现在他们作的注中。我上面讲,他们的工作做得不错,就包括这一点。我作新注,一般的词语可以放过或从略,但原来就存在的难点,或虽然过去已经注过,但有错误,或有新材料,我自己有新想法的地方,就应该是我的重点。这方面我也举一个例子。书中的第三十四章"西方学法",因为讲梵文的语言、语法及当时印度,也包括中国学习梵文的一般方法,对今天的中国人来说很难理解。但义净的一些记载是独一无二的,因此学者们特别留意。有些难点更牵涉到印度文献史上的一些至今尚在争论的问题。慈云的时代太早,理解当然受限制。高楠的解释进了一步,但也很不够或有误解。我因此特别注意到高楠以后的学者所做的相关的工作。我了解到,五十年代荷兰学者高罗佩（H. van Gulik）、七十年代英国学者J. Brough以及美国学者G. Cardona 等的著作中都分别有一些地方与这一章有关。尤其是英国的Brough，他是一位国际上很有名的印度古语言的专家，发表过有关义净书中这一章的一篇专文。我仔细地读过他们的著作，把有用的部分都吸收进了我的注释中，而在有些地方则注意提出自己的不同的意见。我觉得，虽然我们涉及和解决的问题有大有小，但只有这样做，才可能比较深入地、以比较宽的学术眼界来研究义净的书以及一些更重要的学术问题。在其他的章节里，我也尽量这样要求自己。当然，成绩如何，尚有待批评。

但校注的工作只能算是整个工作的一部分。作为博士学位论文，我自己感觉——季羡林先生也是同样的意见——只搞校注是不够的，我还必须就义净和义净的这本书写出一篇分量大一些的东西，也就是一篇相对独立的论文。在校和注的工作进行的同时，我就开始考虑这事。但论文中究竟该写些什么，我最初没有很确定的主意。只是有一点很明确，季先生也要求，论文中应该有一些新东西。换句话说，是要发现前人所没有发现的新问题，然后解决这些问题。但我当时的体会是，真正发现一个或几个问题，实在并不容易。我反复仔细地读《南海寄归内法传》中每一段文字，又找来所有能找到的、我认为与此有关的——主要是佛教历史方面的——书，研读和思考。当然，有些书在此之前我已经读过。有一段时间，我真是很困惑：我要找的问题究竟在哪里？不过，功夫到底没有白费，我最后终于在义净的书中发现了我认为应该加以讨论的一些问题，其中最主要的一个问题是，义净的书中，有很多地方讲到佛教的部派，同时也讲到佛教的大乘和小乘。义净的一些话，几乎被每一种佛教史的书所引用，可是却都被误解了。这些书，大多是学术界公认的权威著作。书中的观点，往往被普遍接受。我特别注意到义净书中有一句话："其四部之中，大乘小乘区分不定。"意思是说，当时的佛教可以划分为四个大的部派或者说派别，这四个部派中的僧人，或者属于大乘，或者属于小乘。但一般都认为，在佛教的历史上，凡是讲部派，都讲的是小乘，没有说部派中还有大乘的。西方、日本和中国所有的佛教史著作，对此几乎都是这样理解的。我始而不解，继而怀疑，觉得义净在这里讲到的话，需要仔细做重新的解释。我反复思考，最后的结论是，义净虽然讲的是部派，但大小乘都包括在内。义净根据当时不同的佛教徒执行的是不同戒律而把他们划分为不同部派，而这些部派中确实既有小乘僧人，也有大乘僧人。

我把想法报告了季先生。季先生表示，我的想法，不是没道理。外国学者，不管欧洲的，还是日本的，即使是权威，他们的看法，也不一定就是定论。我受到鼓励，于是进一步清理思路，寻找材料，拟出提纲，开始了撰写论文工作——这就是后来在《南海寄归内法传校注》书中的"前言"。

这里没有必要更多地谈我在"前言"中讨论的佛教史上的那些问题，例如部派产生的原因，究竟什么是部派，以及部派在所谓的大乘与小乘之间所处的地位，印度佛教的寺院以及中印佛教的对比，等等。一般人对此恐怕不会有很大兴趣。我只是想说，读书要细心。研究任何东西，一本书或一段历史，首先要发现和提出前人忽视了的问题，然后才是解决问题。怎样发现问题？用周一良先生后来在审阅我的论文时的说法，叫"读书得间"。读书要注意"得间"。通过这件事，我有了较深的体会。

从这件事，我的另一个体会是，在学术上，即使是看来已被大多数人接受的意见，也有讨论的余地。当然，这其实卑之无甚高论，关键是如何立论和求证。"大胆假设，小心求证"的做法，我以为，就一般的情形讲，应该说没有错。我在论文中就佛教部派、大小乘问题提出的一些看法，在我后来有机会到欧洲做研究时，在大学的研究所和一些学术会议上，跟外国的一些同行们谈起，他们颇有兴趣，不少人同意我的看法。1991年，我参加在巴黎联合国教科文总部召开的国际佛教学大会，在会上发表过一篇论文，论文中仍然用的是同一种思路和观点。这篇文章后来在德国哥廷根印出来了。

我的博士论文最后完成时包括两个部分：前一部分称作"研究篇"，这又包括四章；第二部分称作"校注篇"，包括《南海寄归内法传》的原文、校记和注释。整个题目称作《义净〈南海寄归内法传〉校注与研究》。后来正式出版，为了跟整套丛书的体例一致，书名改为《南海寄归内法传校注》，研究篇就作为全书的前言，"前言"因此在书中显得颇长——共有 187页。我因此要感谢中华书局当时的总编先生和谢方先生的宽厚，在出版一本校注类的书籍时，让一篇前言在书中占去这样大的篇幅。

当然，现在的《南海寄归内法传校注》仍然还存在一些缺点和遗憾。这有几点：一是全书的末尾，除了已经有的两个索引（中文专名索引和专名译名对照）以外，还应该列出一个参考文献目录。这是该做而未做的。此外，索引中的第二个"专名译名对照"，每条词目之下，应该一并标出在书中的页码。这是做了而未做完备的。第二，书中还有一些排印方面的错误。本来，一本二十多万字的书，要一点没错，很难，尤其是书中那些特殊的外文或少数民族文字。但我提到这点，是因为书在排版的过程中，一校、二校和三校，我都看过。一些错字不知怎么还是漏了过去。我自己因此有一部分责任。说到看校样，我不知道中华书局其他的书怎样，但我与中华书局打过交道的三本书，每一种，责任编辑谢方都安排我看校样，为的是减少错误。这几种书稿，因为夹杂各种外文，排印很麻烦。我记得，每次看校样，都改得一塌糊涂。也亏得印刷厂的工人师傅有耐心一次次改正。中华书局、谢方先生编书、出书真是认真。与其他好些出版社比，他们的书，错误毕竟是最少的。第三，书印得太慢，这有主客观两方面的原因。从交稿到排印到最后印出，中间有六七年的工夫。做研究，使用资料，讲究要新（up-to-date）。这六七年间，我知道的，在国外又出版了与《南海寄归内法传》有关的新的书。例如原书的第三十二章"赞咏之礼"，讲到古代印度的一位佛教学者摩咥里制吒以及他的两种书《一百五十赞》和《四百赞》，有关的材料，我只提到了五十年代初在英国剑桥出版的一本书。但1987年在德国的哥廷根，就出版了一部专著。这部书，题目就叫《摩咥里制吒的〈四百赞〉》，书中利用了在中国新疆发现的佛经残片以及藏文佛教文献，研究成果很新。我作《南海寄归内法传》时，还没有这本书。但《南海寄归内法传校注》正式出版，是在1995年，从这个时间看，材料的使用上就显得有些落后了。读国外的学术著作或论文，与水平高一些的学者们接触，我的体会，他们无论在研究的结论，或是材料的使用上，都特别讲求这个 up-to-date 。这方面，我以为我们应该向他们学习。

说到 up-to-date ，我想顺便提到一些外国学者曾经向我提出的一个建议。他们说，高楠的《南海寄归内法传》的英译本完成于将近一百年以前，有错误，许多地方已经过时。他们认为，不仅应该有新的研究，为了中国以外的学者们的方便，还应该有新的英译本。这也是一件 up-to-date 的工作。他们建议我做这事。我同意这个想法，虽然不知道自己是否有这样的能力。不过，无论怎样，我的确觉得，这种学术上的空白点，我们中国人或者说中国学者，应该想到去填补，最好不要让人家处处占上风。而且，这方面的工作不只应该包括《南海寄归内法传》《大唐西域记》等，还应该包括更多的这类"涉外"的中国古籍。它们是我们中国人自己的文化遗产，但也可以说是其他国家人民的文化遗产的一部分。

研究和校注《南海寄归内法传》的工作早告一段落，书现在也已经正式出版，眼下我读书和工作的重点也有所转移。但书出版后，我不时收到一些从国内以及欧洲和日本寄来的信，对我在《南海寄归内法传校注》书中所做的工作提出意见，有的是鼓励，也有的指出书中的错失。借柴剑虹先生让我在《文史知识》发表这篇短文的机会，我想对这些朋友表示感谢，并且欢迎更多的朋友提出更多的意见，我将争取在以后对《南海寄归内法传校注》一书做进一步的修订。

（原题目为《我怎样作〈南海寄归内法传校注〉》，《文史知识》1996年第7期）

文史小识篇

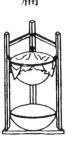

古代外国人怎么称呼中国

　　我们中国人今天称自己的国家为中国。中国一名，在古代虽然常常因时因地而有不同的含义，但它是中国人自己创设的一个名字，这一点却很明白。确定把它作为我们国家的专名，实际上是在19世纪中叶以后。古代的中国人不常使用中国这个专名来称中国，有时只是用作一般的泛称。外国人称中国则有他们自己的叫法。

　　在中国古代的历史上，和我们发生接触、文化交流最频繁、文献记载保留最多的国家，莫过于印度。我们现在所知道的最早的外国人对中国的称呼，就是古梵文中的Cīna一词。整个词在汉译佛经中很常见，音译作"至那""脂那"或者"支那"。这些佛经的原文，当然多数是当时或更早时在印度写成的。除此之外，在现在所能看到的印度其他古文献中，如两部著名的大型史诗《摩诃婆罗多》(Mahābhārata) 和《罗摩衍那》(Rāmāyaṇa)，还有著名的政治及社会伦理著作《摩奴法论》(Manusmṛti) 以及《利论》(Arthaśāstra) 中，都提到了 Cīna 这个名字。这些文献的成书年代是个比较复杂的问题，此处无法细论，但其中最主要的部分，大致可以肯定是在公元前4至3世纪。

从梵文的 Cīna 一词，便衍生出今天世界上大多数语言中称呼中国的专名：波斯文的 Chīn，阿拉伯文的 Sīn，拉丁文的 Sinae，英文的 China，法文的 Chine，德文的 China，意大利文的 Cina，以及其他等等。日文因为能够借用汉字，有时就直接使用"支那"这个译音字。

古代印度人，又常在 Cīna 一词前再加上 mahā 一词，成为 Mahācīna，音译"摩诃至那"，意思是"大至那"或者"伟大的至那"，其中往往也有表示对中国尊崇的意思。也有的在 Cīna 后面加上 sthāna 一词，成为 Cīnasthāna，佛经与中国史书里译作"真旦""振旦""震旦"或者"摩诃震旦"，意思是"支那国"或"伟大的支那国"。1924年，印度大诗人泰戈尔来中国访问，梁启超为他取了一个颇有意思的汉名"竺震旦"，就取义于此。

Cīna 一词的来源，近代的学者做了许多探究和讨论，有的说这个是春秋战国时代的秦国即后来统一中国的秦朝的"秦"字的译音，也有的说是"荆"字的译音，又有的说是"锦"字的译音，还有其他的一些说法。现在多数人比较接受"秦"字的说法。综合印度及中国的史籍、汉译佛经中的材料来看，这种说法应该是正确的。唐代初年，中国和尚玄奘到印度，见到印度的一位国王戒日王。戒日王问到玄奘"摩诃至那国"，玄奘回答说："至那者，前王之国号；大唐者，我君之国称。"（《大唐西域记》卷五）可谓正中鹄的。至于说Cīna是"思维"义，只是古代个别中国和尚提出的说法，虽然事出有因，但完全不对。那是因为他们对梵文半通不通而导致的误解。

据另一位也是在唐代去印度求法的中国和尚义净的记载，当时在印度似乎还有把中国或中国的首都称作Devaputra的，音译是"提婆弗呾罗"，意思是"天子"（《大唐西域求法高僧传》卷上）。但在印度方面，还没有找到直接的对应材料。

中国是世界上最早养蚕缲丝的国家，在古代以精美的丝织品闻名于西方。因此，古代希腊和罗马的著作中有的就把中国称作 Serica，意思是"丝国"，称中国人是 Seres，中国的首都是Sera，现代的汉译"赛里斯""赛拉"。但这没有像Cīna这个词一样成为通名。

应该说明的是，在古代，外国人对中国的了解、接触、交流是依地域的远近、时代的先后而由近及远，由少渐多，由模糊的传闻而逐渐成为比较详实的知识的。这个特点也反映在他们对中国的称呼及其实际定义的变化上。比如Cīna一名，一般来说就是指中国，但从古梵文文献（佛教的和非佛教的）中使用这一名词的上下文看，有时可能只是指今天中国西北的某一地区。如在《罗摩衍那》中，除了Cīna以外，还有Paramacīna，意思是"更远的"或"极东"的至那。有人认为，后者才算是中国本部。其他文献里也有类似的例子。

中国陆上的边界主要在西方与北方，古代西方与北方的邻国对中国的了解，往往最初通过当时活动在中国西北边境地区的某些民族或部族或他们所组织的国家。俄罗斯民族形成的时间比较晚，俄语中称中国为Китай，读音与中国北方的少数民族"契丹"的古音十分相近。因此，俄罗斯人最早所说的中国其实是指契丹，契丹在我国北方曾建立辽朝，后来，契丹一部分西迁中亚地区，又建立西辽。契丹一名因而从中亚传到俄罗斯及东欧一带，于是"契丹"一名扩大而指整个中国。

中世纪时，拜占庭的历史学家曾把中国称作Taugas，伊斯兰的文献著作则写作Tamghaj，Tomghaj或Tohgaj。学者们考证这几个字的来源，也有几种说法。一种说法认为这是"唐家子"一词的对音，"唐家子"的"唐"，当然是中国唐朝的"唐"。另一种看法认为它们的语源应该是公元4至6世纪时在中国北方建立政权的鲜卑拓跋氏贵族的"拓跋"（构拟古音作takh'uat）一名。这一名称在8世纪时鄂尔浑的突厥碑铭中已经出现，后来又见于吐鲁番文书。突厥部落西迁，于是传播到中亚，进而被阿拉伯伊斯兰作家采用，流传于西方。公元11世纪时，由我国新疆的一位学者马合木德·喀什噶尔编定的《突厥语辞典》一书中曾记下了这个词，而且还有颇为详细的解释。13世纪初，道士丘处机奉成吉思汗命西行，在伊犁时听到当地居民也是这样称呼中国。他的弟子李志常在《长春真人西游记》中记载的"桃花石"，便是这一名称的汉译。

上面只讲了古代外国人对中国的几种最主要的称呼，最后还可以提一下的是"秦人""汉人""唐人"这几种称谓。严格说，它们只是指中国人，但和中国这个概念有关。古代外国人也先后用他们来称中国人，它们在中国自己的史籍中也很常见，其来源当然就不用解释了。

（原载《文史知识》1986年第3期）

奇书《大唐西域记》

　　《大唐西域记》是一部奇书。说它是奇书,有三条理由:一,它的作者玄奘,是一位奇人;二,书中讲到的西域包括印度,在当时人看来,是一片奇地;三,在中国古代的各类书中,这部书很特别。

　　《大唐西域记》为什么特别?也可以举出三条理由:首先,书在中国写成,讲的却是外国的事。在中国古代,同样性质的书不多见。其次,玄奘的叙述,大部分是亲眼所见,也有一些是耳闻或者来自佛教的传说。这些神奇的传说和故事,信仰佛教的人固然可以接受,但不信仰佛教的人或者是半信半疑,或者根本不相信。但玄奘的记载,到了近代,很多又被考古和历史研究证实是事实。还有,《大唐西域记》是中国人的书,很长一段时间,中国知道的人并不多,重视更谈不上,但在外国,在国际上研究东方的学术圈子里，却久负盛名。

古今中外，无数的书，称得上奇书的却不多。《大唐西域记》是一部奇书，在中国可以这样说，在世界上也可以这样说。以下就逐一说明它的奇特之处。

一　奇人玄奘：一个真实的"西游"故事

玄奘在今天的中国几乎是家喻户晓。玄奘有名，主要是因为小说《西游记》。高僧玄奘到印度取经的经历，在小说中成为一个神话故事。故事中无论玄奘，还是玄奘的三位徒弟孙悟空、猪八戒和沙和尚，性格都十分生动，其中的孙悟空最让人喜欢。即便是师徒"西天取经"路途中遇见的许多神仙和妖怪，也大多有自己的性格。"九九八十一难"的故事，曲折有致，更让人津津乐道。时至今日，把"西游"故事作为话头，"恶搞"或者并非"恶搞"的"西游"故事，更是层出不穷。

这是神话故事中的玄奘。与此相关的，还有一位真实的玄奘。他西行求法的经历，其间许多故事，虽然不同于《西游记》，但一样曲折而奇特。

玄奘姓陈，名祎，唐代洛州缑氏县（今河南偃师市缑氏镇)人。玄奘幼年出家，天资聪慧，又很努力，年轻时就很有学问。可是在学习佛教的过程中他也有很多疑问。他各处求教，得不到解决，最后决定到佛教的发源地印度去，学习佛教，也就是到"西天"求法。为此玄奘向朝廷上表，请求批准，朝廷没有理会。直到唐太宗贞观元年（627）秋天，长安一带庄稼歉收，官府同意老百姓出城"随丰就食"。玄奘见是机会，便混入饥民的队伍，走出长安城，开始了他的万里之行。

从长安出发，玄奘往西，经过秦州（今甘肃天水）、兰州，到达凉州（今武威）。凉州都督听说他要出国，命令他立即返回长安。他赶紧前行到瓜州（今安西）。这时凉州方面要求抓捕他的公文也到了瓜州。幸亏瓜州的刺史和州吏同情玄奘，不仅没有抓捕他，还嘱咐他早日继续往西去。

瓜州是当时从河西通往西域的门户之一。从瓜州往西，就算出境。往前的路危险而艰难。玄奘决定，从当时通西域的"北道"往西行。这条路，往北通过玉门关，然后再经过五座烽火台，每座烽火台相距百里，中途没有水草。五座烽火台之外，是"八百里沙河"，人称莫贺延碛。沙漠中"上无飞鸟，下无走兽"，狂风时起，沙尘蔽天，白天酷热似火，夜晚又寒冷彻骨。玄奘找到一位胡人做向导，带上一匹老瘦马，在一个夜晚，从玉门关附近的一处地方，偷渡过河。刚走了一段，这位胡人却不愿再往前走，而且似乎心怀不轨。玄奘只好独自一人继续向前。过了第四个烽火台，走了一百来里，他便迷了路，还失手打翻了随身带的水袋。没有了水，在沙漠里，生命会有危险。他想回到第四烽火台，重新取水。他回头走了十来里，转念又想："我先前发过誓，不到印度，绝不东归一步。现在为什么往回走？我宁可往西去死，也绝不往东而生！"于是玄奘又转过头来，向西北方向行进。四天五夜，他没有一滴水进口，最后筋疲力尽，只能躺卧在沙中，默念观世音菩萨和《般若心经》。第五天的半夜，奇迹终于发生，处在昏迷中的玄奘被一阵凉风吹醒。这时马也站了起来。人和马又勉强地往前行。突然，马不顾一切地向前跑，原来马凭着嗅觉，在沙漠中发现了一处长满青草的水池。玄奘跟在后面，人和马终于得救。

走出莫贺延碛，玄奘到达伊吾（今新疆哈密），然后到达高昌（今吐鲁番）。高昌当时是一个独立的国家，国王名叫麴文泰。麴文泰信仰佛教，他热情地接待了玄奘。因为太敬佩玄奘，他想把玄奘留在高昌，玄奘不答应。麴文泰不放玄奘走，玄奘只好绝食。一连三天，麹文泰被感动了，他向玄奘谢罪，还要求与玄奘结为异姓兄弟，同时要求玄奘答应从印度回来之时，在高昌再住三年。玄奘都答应了。麹文泰为玄奘重新准备行装和马匹，给沿途的国王，包括当时称霸西域的西突厥可汗写了信，准备了礼物，请求照顾玄奘。玄奘这才重新出发。

从高昌西行，玄奘经过阿耆尼国（今新疆焉耆）、屈支国（今新疆库车）、跋禄迦国（今新疆阿克苏），然后翻越凌山，到达素叶水城（在今吉尔吉斯共和国托克马克附近）。然后继续西行，再折向西南，经过赭时（今乌兹别克共和国塔什干）、飒秣建（今乌兹别克撒马尔罕）等国，过铁门关，到达睹货罗故地（在今阿富汗北部），再翻过大雪山（今兴都库什山），最后终于到达印度。这段行程将近三年，中间玄奘不止一次遇到危险。一次，他坐船顺恒河东下，遇上抢劫，差一点被杀掉祭神。

公元7世纪时，印度最大最有名的佛教寺院是那烂陀寺。那烂陀寺在中印度的摩揭陀国，寺院规模宏大，僧人最多时据说有万人之多，不仅来自印度各地，有的也来自印度以外的国家。玄奘西行，主要目的是想学习一部叫做《瑜伽师地论》的佛经。那烂陀寺的主持名叫戒贤，最为精通这部经典。他虽然年事已高，又患有风湿病，仍然专门为玄奘开讲这部经典，前后历时十五个月，同时听讲的还有数千人。玄奘先后听了三遍，同时还学习了其他一些重要的佛教经典以及其他的印度典籍。

玄奘在那烂陀寺学习五年以后，为了更广泛地了解印度，学习佛教，又开始了他的长途旅行。他离开那烂陀寺，到东印度，再沿着印度的东海岸到南印度，再从南印度，绕行西印度，最后回到那烂陀寺。

经过这一番游学，加上在那烂陀寺几年悉心的学习，玄奘成为戒贤法师最优异的学生。当时的那烂陀寺，就像是今天的一所大学，寺院里经常有各种讲座和辩论。戒贤让玄奘做讲座，演讲受到大家的称赞。那烂陀寺有十位学问最好的大德，通解五十部经典，玄奘是其中之一。

玄奘的名声很快在印度传开。当时印度最有势力的国王是羯若鞠阇国的戒日王。戒日王敬佩玄奘的品德和学问，特地在自己的都城曲女城举行大会，请玄奘做"论主"，同时邀请了印度的二十几位国王、四千多位佛教僧人，还有两千多位其他教派的信徒参加。玄奘在会上宣读论文，据说十八天内没有一个人能够出来反驳。

曲女城大会以后，玄奘决定回国。他谢绝了戒日王和

1998 年，北京香山，与饶宗颐先生合影

其他印度朋友挽留他的好意，在参加了一次在钵罗耶伽国举行的大会以后，带着历年访求到的佛经和佛像等，仍然取道陆路，起身东归。

唐太宗贞观十九年（645）正月二十四日，玄奘终于回到长安。与他十几年前偷渡出国时不一样的是，他受到了空前的欢迎。玄奘带回佛经六百五十七部，五百二十夹，以及一批佛像。唐太宗这时正在洛阳，立即召见他。唐太宗询问了玄奘周游各国的见闻，还想让他还俗做官。玄奘婉言谢绝，表示只想翻译他从印度带回的佛经，实现他求法的抱负和愿望。玄奘的话说得很委婉，但是态度非常坚决。唐太宗只好答应，并且表示愿意支持他译经的事业。

玄奘回到长安，立即开始翻译佛经。从他回国，到唐高宗麟德元年（664）二月他去世，十九年间，他前后一共翻译出佛经七十五部，一千三百三十五卷，大约一千三百多万字。现在西安城南的大慈恩寺，是玄奘当年译经的地方之一。寺里有名的大雁塔，就是为存放玄奘带回的佛经和佛像所建造。

玄奘印度求法的过程中，发生了许多故事。他从中国出发，前后经过古代中亚和南亚地区大大小小一百多个国家。这样的经历，此前只有张骞和法显，此后只有义净等少数人略略可以相比，但其他人的行程没有留下玄奘那样多的传奇故事。这段经历，在玄奘去世后一两百年间，就成为传说，最后演变为一个完整的神话故事。从这个意义上讲，玄奘不能不说是一位奇人。

不仅如此，与他西行的经历有关，玄奘还留下一部奇特的书。

二　奇地印度

印度是亚洲最古老、最重要的文明中心之一。印度在今天并不神奇，但在古代，在中国人眼里，印度却是一块奇地。中国人知道印度，始自张骞。西汉时代的张骞，出使西域，最远到达大夏，即今天的阿富汗一带，在那里第一次听到"身毒"这个名字。身毒就是印度。身毒之外，印度还有天笃、贤豆、天竺等名。玄奘首次把印度称为"印度"，从此成为定名。

张骞带回的有关印度的传说，还很模糊。到了东汉时期，有关印度的传说就多了起来。最有名的传说与佛教有关，说的是汉明帝某一夜做梦，"梦见神人，身有日光""飞在殿前，欣然悦之"。第二天他询问大臣，一位大臣回答：这就是印度的"佛"，佛"飞行虚空，身有日光"。于是明帝派出使节，迎请佛经，从此中国有了佛教。故事的细节固然不可全信，但这说明，在中国人的心目中，从一开始，印度就充满神奇的色彩。

印度不仅神奇，而且神圣，佛祖释迦牟尼诞生在印度，许多神奇的故事由此产生。从中国到印度，其间经过的西域各个国家，人物面貌，风俗物产，也是奇异无比。《西游记》里的"西天"以及前往西天的路途，无数奇奇怪怪的故事，就出于这样的心理背景。古代的奇地，虽然今天已经不奇，但作为中国的紧邻，人口仅次于中国的一个大国，我们今天对它的了解，远不如距离远许多的美国和欧洲。仔细想来，这倒多少让人感觉有点奇怪。

三　奇书《大唐西域记》

关于《大唐西域记》，可以讲的有很多。首先应该知道的是，玄奘为什么要写《大唐西域记》？

贞观十九年，玄奘回到长安后，安置好从印度带回的经典和佛像，立即赶到洛阳，接受唐太宗的召见。皇帝召见时与玄奘的对话很有意思："坐讫，帝曰：师去何不相报？"

玄奘赶紧为当年偷渡出国的事道歉："玄奘当去之时，已再三表奏，但诚愿微浅，不蒙允许。无任慕道之至，乃辄私行，专擅之罪，唯深惭惧。"

唐太宗心情很好，很宽大："师出家与俗殊隔，然能委命求法，惠利苍生，朕甚嘉焉，亦不烦为愧。但念彼山川阻远，方俗异心，怪师能达也。"

玄奘是绝顶聪明的人，回答了一大段奉承皇帝的好话，大意是说唐太宗如何伟大，圣威远播，外国的君长，见到有鸟从东方飞来，想到可能是来自"上国"，便立刻"敛躬而敬之"，他就是仰仗"天威"，因此来往印度才没有问题。

唐太宗于是"广问彼事。自雪岭已西，印度之境，玉烛和气，物产风俗，八王故迹，四佛遗踪，并博望之所不传，班、马无得而载"。玄奘"随问酬对，皆有条理"。唐太宗大为赞赏，对玄奘说："佛国遐远，灵迹法教，前史不能委详，师既亲睹，宜修一传，以示未闻。"

皇帝的命令，玄奘当然必须认真完成，第二年，也就是贞观二十年（646）七月，《大唐西域记》全书撰成，一共十二卷。玄奘马上把它送给唐太宗，同时附上他写的一份表文。第二天，唐太宗亲笔写了回信："新撰《西域记》

者，当自批览。"

唐太宗是中国历史上一位雄才大略的皇帝。唐帝国建立的初期，西边，也就是西域地区，最大的威胁是突厥。突厥分为东西两部。唐太宗在贞观年间打败了东突厥，但强大的西突厥仍然存在。唐太宗既要巩固新建立的国家边境的安全，也有向西域拓展的想法，他急于了解西域的情况。玄奘刚从印度回来，没有人比玄奘对西域了解得更多。在玄奘方面，撰写《大唐西域记》，一方面是皇帝交给他的任务，不能不完成，一方面在他自己，也想通过这部书，把他见到、知道的西域的情况，尤其是自己心目中佛教的圣地印度的情况介绍给中国人。玄奘一定认为，这也是他作为一位虔诚的佛教徒的责任。

《大唐西域记》为唐初的皇帝处理西域的军政事务提供了重要的信息。后来编成的《旧唐书》和《新唐书》，其中的《西域传》部分，不少地方参考过《大唐西域记》。

《大唐西域记》全书十二卷，约十二万字。书的起首，有玄奘自己撰写的一篇《序》，讨论天下地理大势。其中的一些说法，在现在看来，当然不能说完全正确，但反映了当时的知识水平。然后是第一卷，第一句话："出高昌故地，自近者始，曰阿耆尼国……"以下便逐一叙述各个国家,次序基本上依据玄奘行程的先后。阿耆尼国之后,是屈支国和跋禄迦国,然后是大大小小十多个国家,地域大致包括今天的吉尔吉斯、哈萨克以及乌兹别克,然后又是十来个国家,地域大致包括今天的阿富汗。第一卷共三十四个国家或地区。

第二卷正式进入印度。开始一段是对印度的情况做整体的介绍,首先解释印度一名的来历,然后讲印度的疆域、使用的计量单位、季节划分、城市、人们的衣着、饮食、文字、教育、佛教、种姓制度、军事、法律、风俗、税收、物产等等,内容十分详细。然后记载三个国家,属于北印度,其中包括健驮罗国,即今天巴基斯坦的一部分。

第三卷记载八个国家,也属于北印度,其中包括迦湿弥罗,即今天的克什米尔。

第四卷记载十五个国家,部分属于北印度,部分属于中印度。

第五卷记载六个国家,第六卷记载四个国家,第七卷记载五个国家,都属于中印度。

第八卷和第九卷虽然分为两卷,但合起来讲的只是一个国家:摩揭陀国。摩揭陀国在中印度,曾经是古代印度政治文化的中心地区。当年释迦牟尼很多时间住在摩揭陀国，因此佛教圣迹最多，是玄奘叙述的重点。摩揭陀国即今天印度的比哈尔邦。

第十卷记载十七个国家，分属于东印度、中印度和南印度。

第十一卷记载二十三个国家，分属于南印度和西印度，还有不属于印度的僧伽罗国和波剌斯国，即今天的斯里兰卡和伊朗。

第十二卷记载二十二个国家，都不属于印度，而在今天阿富汗和中国新疆的境内。

这样加在一起，《大唐西域记》记载的国家就有一百多个。玄奘在书撰成后给唐太宗上表，说一共一百二十八个国家。但如果把一些简略几句话提到的得之耳闻的国家也算进去的话，数量更多，有一百四十一个国家。玄奘写书的根据，主要是他自己西行一路上的所见所闻，尤其是他对不同国家风土人情、物产气候以及地理、历史、语言、宗教的仔细观察。

《大唐西域记》的叙事模式，其实很类似于中国史书中的《西域传》，但讲到的事情、涉及的内容详细得多，因此保留了许多《西域传》中见不到的材料。一个例子是今天阿富汗有名的巴米延大佛。有关的叙述在卷一的"梵衍那国"：

> 王城东北山阿，有立佛石像，高百四五十尺，金色晃曜，宝饰焕烂。东有伽蓝，此国先王之所建也。伽蓝东有鍮石释迦佛立像，高百余尺，分身别铸，总合成立。

两处大佛世界闻名，可惜2001年塔利班冒天下之大不韪，将其炸掉了。大佛建造于公元5世纪，玄奘到达的时候，形象还很辉煌。玄奘的记载是世界上最早也是最详细的文字记载。玄奘还讲，城东二三里有"长千余尺"的"佛入涅槃卧像"，不过，人们虽然找了很久，一直没有发现，应该是更早时候就已经被毁掉了。

《大唐西域记》讲印度的内容最多。印度古代几乎没有历史，玄奘的很多记载也就成为了解印度历史的重要资料。例如当时最有势力的国王戒日王，印度方面的记载有限，玄奘与戒日王有交往，今天的历史书讲到戒日王，就一定会引用《大唐西域记》。一些关键的时间点，更要依靠玄奘的记载。玄奘回国后，唐太宗派出使节到印度，戒日王回派使节到中国，中印两国由此建立了正式的外交关系。

《大唐西域记》里的故事很多，大多与佛教有关，但不限于佛教。很多故事内容颇为奇特。这里只举两个故事为例。

　　第一个是"曲女城"建城的故事。故事讲，很多很多年以前，羯若鞠阇国的王城名叫花宫城，国王名叫梵授。梵授王有一千个儿子，还有一百个女儿。女儿们当然都长得很美貌。王城的旁边是恒河，河岸边上有一位"仙人"，"栖神入定，经数万岁，形如枯木"。鸟儿们在他身上栖息，榕树籽掉在他的肩上，暑往寒来，肩上生长出榕树，垂荫合拱。多少年过去，这位仙人"从定而起"，想抖去肩上的大树，又怕树上的鸟巢倾覆。人们称赞他的美德，就把他叫做"大树仙人"。仙人往河岸边望去，看见国王的女儿在河边嬉戏，顿时生出爱欲之心。于是他去见梵授王，说道："我在树林里修行，已经很多年了，可是我现在从禅定出来，看见您的女儿，我爱上了您的女儿。您把女儿嫁给我吧！"

　　梵授王只好问女儿，有谁愿意嫁给这位仙人，但没一个愿意。他很是发愁，因为他知道仙人有大法力，他怕仙人会为此报复。国王最小的一个女儿看见父亲这样，就告诉国王："我去吧！"国王转忧为喜，驾上车，把小女儿送至仙人的住处。可是仙人并不高兴，说："您是不是看不起我？才把这个女儿给我。"国王连忙解释。仙人还是生气，发出恶咒："九十九女，一时腰曲，形既毁弊，毕世无婚！"国王回去一看，女儿们果然都成了驼背。自此这座城市就叫做"曲女城"。

"曲女城"一名，梵文原文Kanyākubja，译为白话是"驼背女的城市"，音译"羯若鞠阇"。城市在今天印度的北方邦，名字基本未变，写作Kanauj，翻译为卡瑙季。《大唐西域记》的记载为这个城市留下了一个有趣的传说。

第二个是华氏城的故事。华氏城是印度古代的名城，古摩揭陀国的首都。玄奘讲了华氏城建城的故事：很久以前，有一位婆罗门老师，高才博学，学生有数千人。学生们"相从游观"，其中一位书生徘徊怅望，同学们问他："你发什么愁啊？"书生回答："我游学在外，岁月已久，可是学业和家业都没有成就，一想到这一点，我就发愁。"同学们跟他开玩笑："那我们现在就为你娶亲成婚。"

于是两位同学扮演男方父母，两位扮演女方父母，坐在一株"波咤厘树"下，"波咤厘树"又称作"女婿树"。大家采来鲜果，酌上清水，举行仪式。扮作女方的父亲折下花枝，递给书生，说："这就是你的佳人啊，你别不以为意。"书生之心，欣然自得，虽然天色已晚，是回归的时候，仍然恋恋不舍。同学们说："我们刚才说的都是玩笑，我们都回去吧！树林中猛兽很多，恐怕会伤害人。"

但书生还是留了下来，在树边徘徊。天黑以后，奇异的光亮突然映照原野，传来一阵清雅的音乐，原野上帷帐排列。不一会儿，一位老翁拄着拐杖，一位老太太领着一位少女，还有许多客人。老翁指着少女，对书生说："这就是你的妻子啊。"大家为此唱歌饮酒。

七天过去，同学们怀疑书生是不是已经被野兽所害，于是又回去寻找，看见书生还坐在树荫之下，仿佛对面还有客人。让他回去，他不愿意回去。后来书生自己回到城里，见到家里的亲属，把前后的经过讲了。听到这事的人大惊，一起来到树林，发现花树原来是一座大宅，仆人们来来往往。老翁客气地接待客人，摆设宴席，演奏音乐。客人回到城里，把消息传告了大家。

一年以后，一个男孩诞生，书生对妻子说："我想回去了，但又离不开你们。要是继续留下来，就好像始终是在外漂流。"

妻子告诉父亲。老翁对书生说："人生行乐，讵必故乡？今将筑室，宜无异志。"于是老翁"役使"神工，数日之后，新城建成，旧城也迁移到新城。这座城因此称作"波咤厘子城"。"波咤厘子"是梵文Pāṭaliputra的音译，意译为"华氏城"。

这很有些像《聊斋志异》里某位书生山林中遇见佳人的故事。《聊斋志异》的时代当然晚了很多，说像《聊斋志异》，还不如说《聊斋志异》中有这个故事的影子。只是我们不知道蒲松龄是不是也读过《大唐西域记》？

华氏城至今还在，是一座很大的城市，也是今天印度比哈尔邦的首府，只是名字稍有变化，称作巴特那（Patna）。

四　重新发现《大唐西域记》

《大唐西域记》既是这样的一部奇书，唐代是一个非常开放的时代，人们对"异域"的兴趣很大，注意到《大唐西域记》的人就多。这从其他人的书里能够看到。但宋代以后，注意到这部书的人渐渐就少了。到了清代，《大唐西域记》差不多已经被人忘记了。

但这个时候国外的情况则正好相反。在欧洲，从19世纪开始，《大唐西域记》就受到了欧洲学者的关注。这有两个原因。

首先，随着欧洲殖民主义势力向东方的扩张和东方地区的殖民化，欧洲的学术界对东方的兴趣越来越大，由此兴起一门新的学科"东方学"。为了研究东方尤其是印度，学者们寻求各种资料。在汉文资料中，他们最早发现的就是《大唐西域记》《法显传》和唐代义净的著作。1853年，1857年，1858年，法国学者出版了有关玄奘和《大唐西域记》的翻译和研究著作。1884年，英国学者出版了《大唐西域记》的英文翻译。1904年至1905年，又有了另一种在研究上更为详细的英文译本。这前后还有不少有关《大唐西域记》的论文。明治以后的日本学者，跟在欧洲学者的后面，更出版了多种研究《大唐西域记》的著作。

其次，具体到印度，印度是英国在东方最重要的殖民地。1870年，英印政府建立印度考古局，开始对印度的主要地区进行考古调查和发掘。印度没有历史，在近代以前，几乎没有可以称得上是历史的文献。英印政府考古局的第一任局长，也是印度现代考古的奠基人，名叫康宁汉（A. Cunningham）。《大唐西域记》几乎成了他进行考古调查和发掘时的一部指南。很多考古遗址，包括古代一些城市的位置、寺庙遗址，很大程度上就是依靠《大唐西域记》最后做出判定。《大唐西域记》由此在研究印度学的学者中名声大著。

不仅对于印度，《大唐西域记》的内容包括中亚，因此也极大地推动了近代中亚的考古。英籍匈牙利人斯坦因（A. Stein）在阿富汗、克什米尔、中国的新疆、甘肃进行过广泛的考古调查和发掘，获得巨大的成功。斯坦因有关中亚的著作，今天已经成为了中亚考古的经典，其中处处引用到《大唐西域记》。

但遗憾的是，虽然这时《大唐西域记》的价值已经被发现和受到重视，中国方面对此却完全不了解。比《大唐西域记》在国外开始大出风头的时间早几十年编成的《四库全书总目提要》，也讲到了《大唐西域记》，显然不怎么看得起这部书：

> 所述多佛典因果之事，而举其地以实之。晁公武《读书志》称，元奘（即玄奘）至天竺求佛书，因记其所历诸国。凡风俗之宜，衣服之制，幅员之广隘，物产之丰啬，悉举其梗概，盖未详检是书，姑据名为说也。我皇上开辟天西，咸归版籍，《钦定西域图志》，征实传

信，凡前代传闻之误，一一厘正。此书侈陈灵异，犹不足稽，然山川道里，亦有互相证明者。姑录存之，备参考焉。

编纂《四库全书》的大臣，几乎代表了当时中国学术的最高水准。他们以皇上"钦定"的书为标准，写出这样的评语，完全无视，实际上也不了解中国以外世界的情况。这样的情形，直到清朝末年在西方列强的冲击下才有所改变。这不能不说是当时中国的悲哀。

在中国，一直到清末民初，才有人对《大唐西域记》做研究。这中间最早有丁谦，后来又有陈寅恪和向达等人。不过，真正有影响的研究成果，是1985年由中华书局出版的、以北京大学季羡林先生为首的九位学者共同完成的《大唐西域记校注》一书。

一部中国人写的书，其价值最早却是外国人所发现所利用，这岂不是《大唐西域记》的又一奇特之处？今天研究印度和中亚历史、地理、考古，《大唐西域记》早已成为最基本最重要的文献之一。可以这样说，一千三百年前，在世界的范围内，没有一部著作能够像《大唐西域记》这样，对一个广大的地区，中亚和南亚，做过这样详细、许多地方也可以说是科学的记载。用一位印度历史学家的话说，是"如果没有法显、玄奘和马欢的著作，重建印度史是完全不可能的"。研究佛教史，《大唐西域记》的记载更是不可缺少，书中的许多记载不仅丰富，而且唯一。与《大唐西域记》可以相比的，只有其他两位中国求法僧，法显和义净的著作，不过他们的著作各有特点，互相之间不可以替代。玄奘的《大唐西域记》已经成为经典，它不仅是对中国文化，更是对亚洲文化、世界文化的重要贡献。就此而言，《大唐西域记》难道不是一部奇书吗？

（原载《文史知识》2013年第11期）

问经翻贝叶　论法指莲华

——谈谈贝叶经

　　佛教的典籍浩如烟海。佛教的典籍，一般被称作"大藏经"或者"一切经"。在中国，从佛教一传入，就有翻译成汉文的佛经。依据一般的情形来推测，有了汉文的佛经，就会有抄写佛经的写本。由于考古发现，早期的汉文写本佛经，我们今天还能见到一些。本世纪初在中国新疆的吐鲁番地区发现的汉文佛经写本，其中最早的，抄成于西晋时代，距今已经有一千六七百年了。

　　中国古代，很早就有了造纸的技术。造纸术是中国人最伟大的发明之一。在中国，纸被发明以后，很快就取代了竹、帛以及其他东西，成为最便利、最广泛的书写材料。中国最早的写本佛经，我们能见到的，都是抄写在纸上。五代以及宋初，开始大规模地刊刻佛经，当然也都是印在纸上。因此，中国的佛经，除了有镌刻在石头上的"石经"之外，最大量、最主要的，都是写在或印在纸上。当然，中国古代其他的书籍，大多也是如此。

但是，中国以外，在古代的印度以及东南亚地区，情形就完全不一样。印度古代没有纸，也不会造纸。印度人知道有纸，大概是在七世纪以后。至于学会自己造纸，时间就更晚。印度古代使用的是另外的一些书写材料，这主要包括兽皮、桦树的树皮和一种特殊的树叶——这就是所谓的贝叶。除此以外，古代印度人有时也在石头或铜片一类的金属上镌刻铭文。但如果是整篇地抄写经典，一般来说，大都是抄在桦树皮或贝叶上。因为这两种材料在古代印度易得并且易于加工。后者比前者更多，这就是我们古代中国人不时提到的贝叶经。

所谓贝叶经，其实就是用树叶或者说贝叶抄成的书。贝叶就是树叶。贝叶一词中的"贝"字，是古代汉文佛经中的一个译音词"贝多罗"的省称。贝多罗一词，梵文的原字是 pattra，意思就是树叶，而且是指所有种类的树叶。因此，在贝叶一词中，"贝"字就已经有"叶"的意思，再加一个"叶"，目的只是为了使意思显得更清楚。这样翻译某些印度字，是古代翻译佛经的高僧大德们常用的一种办法，称作"梵汉并举"。

在古代印度，各种文献都可以抄写在贝叶上。这就是当时的书。这种贝叶书上抄写的，各类经典都有，有佛教的经典，但更多的是印度其他宗教，例如印度教、耆那教的经典以及文学、工艺科学的典籍。不过，由于历史上只有佛教传到了中国，中国人在古代见到的贝叶书，上面写的，基本上都是佛经。

制作贝叶书或者说贝叶经的材料是树叶，但一般的树叶是不能用的，必须使用印度生长的一种树的树叶。这种树叫做多罗树。唐代初年到印度求法的中国高僧玄奘，写过一部非常有名的书，书名《大唐西域记》，其中第十一卷讲到南印度的恭建那补罗国时，就提到了这种多罗树：

> 城北不远，有多罗树林，周三十余里。其叶长广，其色光润，诸国书写，莫不采用。

"多罗"二字，是梵文 dala 的音译。依照现代植物学的分类，这种多罗树属于棕榈树的一种，叫做扇头棕榈（fan-palm）。多罗树的树叶长而阔，经过加工后，平整光滑，既便于书写，同时还有比较好的韧性，可以多次翻动而不会折断。多罗树叶本身，在印度也很容易得到。古代的印度人，在缺乏其他更好的书写材料时，利用它来抄书、写书，实在可以说是一种很聪明的做法。

"多罗"和"贝多罗"这两个译音词，在汉语里差别很小，讲的事情又有联系，因此两个词儿在过去常常被人混淆，以为"多罗"是"贝多罗"的省称。其实两个词的意思不一样，具体指的是两种不同的东西。前者专指一种树，即"多罗树"，后者则是对树叶的泛称。准确地讲，贝叶或贝多叶的本意就是树叶或书页，但这种制成书页的材料不是一般的树叶，是多罗树的树叶。不少的书和辞典，在解释这几个词儿时，都没有讲清楚，或多或少有些错误。

多罗树的树叶，采集下来，经过加工以后，裁截成整齐的长条，便可以在上面抄写经典。根据原来树叶的大小，裁截的长条也有大有小。我见过的贝叶经，最大的，叶长约有四五十厘米，也有比较小的，叶长不过二三十厘米，宽都约在五六厘米到七八厘米之间。贝叶经上的文字，都是横写，一般字都写得很细密，只有行距相对稍稍显得宽一些。在印度南方以及斯里兰卡，贝叶经有用竹笔写上去的，也有先用钢针刻，再用墨涂，然后显出字迹。印度北方，则大多只是用竹笔和墨抄写。写成以后，为了保护贝叶，让经典保存久远，有时还需要涂上一种特制的油。

完整的一部经典，如果抄写在贝叶上，短的，可以是几叶，长的，则可以有几十叶、几百叶。这情形跟现代的书一样。几十甚至上百张贝叶，大小形状一致，叠在一起，用绳栓起来，外面再用布裹上，这就称作一夹。也有些时候是在每张贝叶的中心位置上，打两个小圆孔，绳从孔中穿过，以便捆扎，捆起来也是一夹。如果单纯地讲书或经典的数量，论部；但要是讲贝叶经的数量，则论夹。一部经典，长的可以超过一夹。但一夹贝叶经，也可以抄有好几部不太长的经典。我们读记载玄奘法师取经经历的《大慈恩寺三藏法师传》，玄奘从印度归来，带回的经典就有：

> 大乘经二百二十四部，大乘论一百九十二部，上座部经律论一十五部，三弥底部经律论一十五部，弥沙塞部经律论二十二部，迦叶臂耶部经律论一十七部，法密部经律论四十二部，说一切有部经律论六十七部，因明论三十六部，声论一十三部，凡五百二十夹，六百五十七部，以二十匹马负而至。

玄奘法师带回的佛经，就是这种一夹一夹的贝叶经。贝叶经的这种形制,也称作"梵夹"。唐五代以后,中国的印本佛经在有一段时期内,曾经在装订形式上仿效过这种"梵夹"的形制,因此就被称作"梵夹装"。中国西藏地区刻印的藏文佛经,用纸印刷,但形制上至今仍然还是类似贝叶经。

在印度,用贝叶抄书的做法,一直延续到很晚的时候。只是在纸得到大批量地生产以后,人们才很少再使用贝叶来抄书。而纸的普遍使用,在印度相当晚。直到今天,在印度的某些地方,作为传统,人们有时还用贝叶来抄书,制成贝叶经。抄写贝叶经的做法,很早还传到了东南亚一带。东南亚的国家,历史上受印度文化的影响很深,曾经或者至今还信仰佛教。僧人们用本民族的文字,也抄写了大量的贝叶经。泰国和缅甸在古代都有用贝叶抄写的整套的佛教"三藏"。中国云南西双版纳的傣族地区,人们也信仰上座部佛教。傣族同胞有傣文的贝叶经。

印度、斯里兰卡和东南亚地区,气候炎热而潮湿,古代抄写的贝叶经,很难长久地保存下来。当年玄奘法师从印度带来的贝叶佛经,现在也见不到了。但有一些贝叶经,却因为一些特殊的因缘,在中国保存了下来。这些贝叶经中,一部分是从新疆的沙漠或者佛教洞窟、废墟里发现的。它们的年代很早，抄写的年代从二三世纪一直到七八世纪都有，不过现存的大多是残片。另一部分主要保存在西藏的佛教寺庙里，抄写的年代相对较晚，抄写时间大多在10世纪以后，但经典的内容完整。保存在西藏的贝叶经究竟有多少，目前还不清楚，但数量不少，则是肯定的。不管是第一类还是第二类贝叶经，它们都是在玄奘之前或之后的中外高僧大德们，从印度或尼泊尔带来或取来的。在今天，都可以说是无价之宝。

在已经发现的来自西藏的贝叶经中，有一部大乘佛教最有名的经典——《妙法莲华经》。这部梵文经典近年在北京已经影印出版。它是古代尼泊尔的一位僧人用印度的一种古字体抄成，书法精美，首尾完整，真正称得上是佛教的一件宝物。唐人戎昱写过一首诗，诗题《送僧法和》：

达士心无滞，他乡总是乡。问经翻贝叶，论法指莲华。

欲契真宗义，先开智慧芽。不知飞锡后，何处是恒沙？

戎昱所讲，是当年僧人们依照贝叶梵经讲说佛法时的情形。那贝叶经上抄写的，则正是《妙法莲华经》。"恒沙"即恒河之沙，隐喻贝叶经以及《妙法莲华经》都来自印度。

（原载《南海》第170期，台北，1997）

也谈"嚼杨木"的由来

　　去年《学术研究》第四期的《书海酌蠡》栏载有易名同志的《"嚼杨木"辨》一文,辨析"嚼杨木"典故的由来。易名同志引清人赵松谷注,认为嚼杨木是以杨枝漱刷口齿,杨木即齿木,即今之牙刷。言有未尽,似乎还有可补充的地方,因为说来这是一个古代的"洋"典故。

　　杨木即齿木,这是不错的。嚼杨木即嚼齿木。齿木一词,从梵语翻译而来。古代印度佛教徒有嚼小木条净口的卫生习惯,所嚼小木条称作齿木。唐代义净《南海寄归内法传》卷一"朝嚼齿木"章云:"其齿木者,梵云惮哆家瑟诧。惮哆译之为齿,家瑟诧即是其木。"惮哆,梵文danta,意为齿;家瑟诧,梵文kāstha,意为木片、木条;合起来是梵文dantakāstha,翻译为齿木。

　　嚼齿木本是古代一般印度人的卫生习惯,古代印度佛教徒住在寺庙里，也有这样的生活习惯，而且这后来成为寺庙中一种固定的卫生规定。这种习惯或规定随佛教的东传而传到中国，但在中国，似乎就只是在佛教徒中有所流行。唐宋及唐宋以后，喜欢谈佛说禅的士大夫常以此作为典故而写入诗文。但许多人对此其实是不甚了了，所以出现了"嚼齿木以代茗"的说法。

嚼齿木为什么又称为嚼杨木？这里面实际上有一点小小的误会。玄奘在《大唐西域记》卷九中讲："（那烂陀寺）有奇树，高八九尺，其干两枝。在昔如来嚼杨枝弃地，因植根柢，岁月虽久，初无增减。"讲的就是嚼杨枝即嚼杨木。但义净《大唐西域求法高僧传》卷上在提到同一地方的佛齿木树时，却指出齿木树不是杨树。义净所讲，的确是事实，嚼齿木的确不限于只嚼杨枝。义净的另一部书《南海寄归内法传》卷一又讲："（齿木）或可大木破用，或可小条截为。近山庄者，则柞条葛蔓为先；处平畴者，乃楮桃槐柳随意。预收备拟，无令阙乏。"大约中国僧人因为听说佛所嚼齿木为杨柳，中国杨柳又多，取之甚易，所以就把嚼齿木译作或称作嚼杨木。严格地说，杨木可以作齿木，但齿木不一定是杨木。

嚼齿木要不要用牙嚼？其实还是要嚼的。方法是先把木条的一头慢慢嚼烂，然后用嚼烂的一头轻轻漱刷牙齿。义净在上引书中说得很清楚："一头缓须熟嚼，良久净刷牙关。"甚至要"嚼头成絮"。这和我们今天的牙刷还是有相当的区别。据说这对于口腔卫生很有好处。义净书中所叙甚详。刘逸生同志《金圣叹伪造施耐庵序显证》一文中亦引《翻译名义集》做过说明。直到现在，在印度一些偏僻的农村，牙刷没有普及的地方，听说还有人使用这种方法来保持口腔的卫生。

（原载《学术研究》1983年第2期）

《宋书》中一个来自佛教的譬喻故事

《宋书》卷八九《袁粲传》有"狂泉"故事：

（袁粲）又尝谓周旋人曰：昔有一国，国中一水，号曰狂泉。国人饮此水，无不狂，唯国君穿井而汲，独得无恙。国人既并狂，反谓国主之不狂为狂，于是聚谋，共执国王，疗其狂疾。火艾针药，莫不毕具。国主不任其苦，于是到泉所酌水饮之，饮毕便狂。君臣大小，其狂若一，众乃欢然。我既不狂，难以独立，此亦欲试饮此水。[①]

故事很可能是袁粲自己的创作。袁粲，刘宋孝武

---

①过去有人引书，把这个故事看成是袁粲撰《妙德先生传》的一部分，但如果仔细玩味上下文，会发现其实不是。

帝至顺帝时人，先后曾任吏部尚书等职，顺帝升明二年（477）遇害，年五十八。

这一故事，显然是从佛教《杂譬喻经》中的"恶雨"故事变化而来。《杂譬喻经》，比丘道略集，其中第十七个故事为"恶雨喻"：

外国时有恶雨，若堕江湖、河井、城池水中，人食此水，令人狂醉，七日乃解。时有国王，多智善相。恶雨云起，王以知之，便盖一井，令雨不入。时百官群臣，食恶雨水，举朝皆狂，脱衣赤裸。泥土涂头，而坐王厅上。唯王一人，独不狂也，服常所着衣，天冠璎珞，坐于本床。一切群臣，不自知狂，反谓王为大狂，何故所着独尔。众人皆相谓言："此非小事，思共宜之。"王恐诸臣欲反，便自怖懅，语诸臣言："我有良药，能愈此病。诸人小停，待我服药，须臾当出。"王便入宫，脱所着服，以泥涂面，须臾还出。一切群臣，见皆大喜，谓法应尔，不自知狂。七日之后，群臣醒悟，大自惭愧。各着衣冠，而来朝会。王故如前，赤裸而坐。诸臣皆惊怪而问言："王常多智，何故若是？"王答臣言："我心常定，无变易也。以汝狂故，反谓我狂。以故若是，非实心也。"

如来亦如是，以众生服无明水，一切常狂。若闻大圣常
说诸法不生不灭，一相无相者，必谓大圣为狂言也。是
故如来随顺众生，现说诸法是善，是恶，是有为，是无
为也。

比丘道略事迹不详。僧祐《出三藏记集》卷二记载
鸠摩罗什所译佛经，其中讲"《杂譬喻经》一卷"，并有
小字注："比丘道略所集。"罗什为中国历史上最著名的
译经僧之一，姚秦时人，所译佛经在当时及后代流传都
极广。道略则有可能是鸠摩罗什的一位弟子。南朝佛教
盛行，孝武帝对佛教信仰颇深。《袁粲传》中就有孝武帝
"率群臣并于中兴寺八关斋"的记载，袁粲当时亦在群臣
之列。因此袁粲看来是有机会知道"恶雨"故事的。东晋
南北朝时期，译出佛经甚多，佛经中多有譬喻故事。佛教
的譬喻故事，往往设想奇异，颇具文学色彩，受到文人以
及一般群众的欢迎。传本佛经中除鸠摩罗什翻译的《杂
譬喻经》以外，以《譬喻经》为题的作品还有好些种，大
致都是这一时代的作品。"狂泉"与"恶雨"两个故事之
间，存在因袭关系，正可以说明这一点。
　　狂泉故事，后来还被收入一些类书，如《册府元龟》

卷九一七。明代的徐文长，言行狷介，被时人目为"狂士"，他写有一首《临江仙》，其中一句是："未需磨慧剑，且去饮狂泉。"典故即出于此。文长显然也读过佛书，因为"慧剑"一词也是佛教中常见的语言。

（原载《文史》2002年第1辑）

补记：这篇短文发表在中华书局出版的《文史》2002年第一辑。此后有人告诉我，在《中国典籍与文化》2001年第4期上有宋闻兵先生的文章，题目是《南朝正史与佛典二题》，其中"一题"也讲的是我这里讲的内容。今天偶然翻看龙晦先生1995年在四川人民出版社出版的《灵尘化境》一书，结果发现，龙先生在他的书中也提到了这个故事。也许还会有其他人写过类似的文章，只是我没见到。不过，即使在讨论的细节上，我的文章与上面两位各有些不同，但"恶雨"和"狂泉"两个故事的关联的"首发权"无论如何不应该属于我了。

汉语中"语法"一名最早的出处

在现代汉语中,"语法"一名作为一个专有名词,使用已经非常普遍。最常见的用法和意思,相当于英文的grammar,即所谓"葛朗玛"。一般人的印象,这个意义上的"语法"一名,似乎出现得很晚。例如收词量目前可能是最多、出版时间不久、解释也比较权威的《汉语大辞典》,在"语法"一词下共列出三个义项:

一、文理;语脉。《左传·昭公二十年》"尔其勉之!相从为愈"唐孔颖达疏:"服虔云:'相从愈于共死。'则服意'相从'使员从其言也。语法,两人交互乃得称'相',独使员从己,语不得为相从也。"金王若虚《论语辨惑二》:"故凡解经,其论虽高,而于文势语法不顺者,亦未可遽从,况未高乎!"

2001 年，京都，与京都大学牧田谛亮教授合影

二、指语言的结构方式，包括词的构成和变化，词组和句子的组织。具有一定的民族特点和相对的稳定性。又称文法。鲁迅《二心集·"硬译"与"文学的阶级性"》："工农一看便会了然的语法，歌调，诙谐。"叶圣陶《给少年儿童写东西》："语法就是正常人的语言习惯。"

三、讲说佛法。唐王维《投道一师兰若宿》诗："鸟来还语法，客去更安禅。"

与"葛朗玛"相当的，是第二个义项。

以说明词的来源为特点、收词数量也比较多的《辞源》，没有收入"语法"一词。这是很奇怪的事。

具有小型百科全书性质的《辞海》，有"语法"一词，但仅仅只做了一般性的解释。

台湾出版的《中文大字典》，在"语法"一词下有两个义项：第一个义项引王维诗，与《汉语大辞典》相同。第二个义项与我们这里讲的"语法"一词的意思有点接近，但实际上不一样："亦称话法，求语言构造合宜，音调优美，使听者容易领受之练习活动也。" 而且没有语证。

日本诸桥澈次编《大汉和辞典》，在"语法"一词下也立有两个义项，内容相当于《汉语大辞典》的第二、三两项，解释更简单，其中有语证的只有一项，即引王维诗的那一项。

以上这些工具书，给出的解释不同，都没能指出与"葛朗玛"相当的"语法"一词在汉语中最早的出处。但实际的情况是，"语法"一词在汉语中出现得相当早，它与古代翻译的佛经有关。我所见到的两个例子都在东晋或南北朝初期翻译的佛经里。

一个例子是《大智度论》。《大智度论》卷四十四《释句义品第十二》：

> 问曰：何等是菩萨句义？答曰：天竺语法，众字和合成语，众语和合成句。如菩为一字，提为一字，是二不合，则无语，若和合，名为菩提。秦言无上智慧。

另一个例子是《弥沙塞部和醯五分律》卷六《初分之五》：

> 时诸比丘种种国出家，诵读经偈，音句不正。诸居士便讥呵言：云何比丘昼夜亲承，而不知男女、黄门二

根人语，及多少语法？诸比丘闻，各各羞耻。以是白佛。

这里所使用的"语法"一词的意思，显然符合《汉语大辞典》中的第二项解释，即"语言的结构方式"。这很可能就是"语法"一名在汉语文献中最早的出处。

两部佛经，主译的都是外来的僧人，但翻译过程中有不少中国僧人和文士参加。《大智度论》的翻译者，是有名的鸠摩罗什。翻译的时间是在姚秦弘始三年至七年之间（401-405），地点在长安。《弥沙塞部和醯五分律》的翻译者，是罽宾来的印度僧人佛陀什。翻译的时间是刘宋景平元年七月至景平二年（423-424）十二月，地点在建康，即今天的南京。协助佛陀什翻译的中国僧人中，有当时很有名的竺道生和慧严。因此，倘若我们对"语法"一名最早出处的判断不误，"语法"一词应该就是在翻译佛经的过程中出现的。它是中外僧人以及参与译经的文士们在一起创造出来的一个新词。我们或许不可忽视 "语法"一名在此时此处出现的意义。语言而有"法"，有些什么样的"法"，作为一种自觉的认识，在中国应该说前后有一个发展的过程。这也许就是我们今天所能见到的这个过程最早的起点之一。

当然，我们也必须注意，如果单就"语法"二字而言，在这个时期，即使是同一类文献，在不同的上下文中，往往也有不同的用法，有的意思就与上面《汉语大辞典》举的例子差不多。例如同是东晋时代翻译的《摩诃僧祇律》卷三十五《明威仪法》，其中有写得颇为生动有趣的一段：

> 佛住舍卫城。尔时六群比丘展转作俗人相，唤阿翁、阿母、阿兄、阿弟。诸比丘以是因缘往白世尊。佛问六群比丘：汝实尔不？答言：实尔。佛言：从今日后，应如是共语问讯，共翁语时，不得唤言阿翁、阿爷、摩诃罗，应言婆路酰多。共母语时，不得言阿母、阿婆，应言婆路酰帝。共兄语时，不得言阿兄，当言婆路酰多。共姊语时，不得言婆鞞，应言婆路酰帝。共和上语时，不得言跋檀帝，当言优波上。若共阿阇梨语时，不得言跋檀帝，当言阿阇梨。若有众多阿阇梨者，当言某甲阿阇梨。共下坐语时，得唤字，唤巨帝，唤岁。共上座语时，应唤跋檀帝，若慧命，若阿阇梨。若有人唤时，不得应言何道何物。若和上唤时，应言诺。若阿阇梨唤时，应言诺。若上座唤时，亦应言诺。若年少唤时，应言何故

唤。若母人男子唤时，应言何故唤。有人问汝和上阿阇梨字何等，不得直道和上阿阇梨字，应言义因缘，故字某甲。语法应如是。若不如是，越威仪法也。①

此处的"语法"二字，在词义上则接近于《汉语大辞典》中的第一个义项。

《摩诃僧祇律》的译者，是从印度求法归来的法显和印度僧人佛陀跋陀罗。翻译的时间是在东晋义熙十二年至十四年之间（416－418），地点也是在建康②。这里有意思的还有，《弥沙塞部和酰五分律》的梵本（或胡本？），也是法显从师子国，即今天的斯里兰卡带回中国的，虽然法显在世时自己没有能亲自把它翻译成汉文。

遗憾的是，《大智度论》和《弥沙塞部和酰五分律》两部书，梵文原本都已不存，我们无法再做进一步的比

---

① 这段文字中其实还有好些词汇值得注意，例如极其口语化的人称词，大概也是我们在文献中能见到的最早的例子之一。

② 见《出三藏记集》卷三载《新集律来汉地四部序录》中的"婆麤富罗律"一节。此处所讲的《婆麤富罗律》，实际是指法显所翻译的《摩诃僧祇律》。不过，《摩诃僧祇律》是否就真是《婆麤富罗律》，极可怀疑。这是印度以及中国佛教史上很复杂的一个问题。参见拙文 *Buddhist Nikayas through Ancient Chinese Eyes*，载 *Untersuchungen zur buddhistischen Literatur*,Vandenhoeck & Ruprecht in Göttingen（德国哥廷根）,1994。相关的讨论集中在拙文的第 170、190、191 页。

对工作。不过，近年在中国的西藏却正好发现了一个与《摩诃僧祇律》的这部分章节内容上一样、具有极近的"亲缘关系"、用混合梵语写成的本子。通过这个梵本，可以清楚看到，汉译本《摩诃僧祇律》中的"语法"二字，词义上确实应该像上面所说的那样去理解[①]。

至于用"语法"一词来表示"讲说佛法"，在佛经中例子俯拾皆是，王维的诗其实已经是比较晚的语证了。所有这些，都是我们讨论"语法"一词的出处时必须注意到的。

（原载《汉语史学报》第2辑，上海教育出版社，2002）

[①] 梵文原本为贝叶本，发现并保存在中国西藏。也有两个根据贝叶本所作的转写本。一个是印度学者Jinānanda (ed.), *Abhisamācārikā*, Tibetan Sanskrit Works, Patna, 1969；另一个是1998年日本大正大学综合佛教研究所比丘威仪法研究会出版的*Transcription of the Abhisamācārika-Dharma*（《大众部说出世部律比丘威仪法梵文写本影印版手引》），东京，1999。相关的一段分别在贝叶经的第27叶背面第6行至第28叶正面第7行、Jinānanda书的第126-128页、大正大学书的第120-122页。关于这部佛经，可参见拙文《跋梵文贝叶经说出世部比丘律*Abhisamācārika*》，《中国文化》第10期，三联书店，1994，第116-123页，以及《说出世部比丘律*Abhisamācārika*（〈威仪法〉）第一品第一节》，《北京大学学报》（东方文化研究专刊），1996，第21-24页。汉译文与梵文完全可以作比对。

补记：

拙文撰成后，曾送给过几位朋友审正，后来又提交给今年9月在杭州举行的第二届中古汉语国际学术研讨会。几周以前，敝校高鸿博士告诉我，山东师范大学的孙良明先生在《古汉语研究》1999年第4期上发表有《简述汉文佛典对梵文语法介绍及其对中国古代语法学发展的影响——从"语法"的出处讲起》一文，其中也引用了拙文中引用的第一条材料。因此孙先生实际上在我之前已经指出了语法一名最早的出处。在出处这一点上，我完全同意他的意见。但孙先生在文中说，佛经中的"语法"一词，译自梵文的vyākaraṇa，我则难以表示赞成。我以为，这里的情况与当年用"葛朗玛"翻译grammar是不一样的。也正是因为如此，拙文讨论问题时，特地多引用了一些相关的材料，希望能从更多的方面来作说明。希望拙文中谈到的一些内容不仅是对孙文的补充，同时仍然还能有一些新意。孙文又载2001年在法国巴黎出版的《古汉语语法论文集》（*Collected Essays in Ancient Chinese Grammar*）一书中。感谢敝校中文系蒋绍愚教授及胡敕瑞博士告诉我这一消息并借给我这本新出的书。

佛传神话中的 "字书"

现存的佛教文献中，有一类佛经，现代的学者一般称作佛传。佛传叙述佛一生的经历或一生中的某一段行事，故事性比较强，文体以叙述为主，在故事中宣说佛教的教义，既有教化的作用，又有几分愉悦的成分，容易被大众接受。如果从今天文学研究的角度讲，它们不仅是宗教文献，也可以被看做是一类文学作品。这一类佛经，数量不少。故事的基本情节，最初比较简单，后来逐渐发展和扩大，变得繁复起来。有一些成为独立的经典，有的情节成为稍后的文学家进行再加工、再创作的题材。印度古代著名的诗人马鸣的《佛所行赞》，就是这样的作品。这类经典，在现存的印度语言的文献中，保留了一些，但很多在印度早已经失传，却在中国古代汉译的佛经中保留了下来。这些汉译，大多由历史上到中国来的中亚或印度僧人与中国人合作翻译而成，今天看来，这是对保留印度文献和文化的一大贡献。这些经典，在古代中国很著名，曾经有过多方面的影响。只是汉译的这一部分佛传至今还没有得到很好的整理和研究。

在至今还能见到的用梵语写成的佛传中，最著名的是 *Lalitavistara* 和 *Mahāvastu*。前者在中国更为有名。因为它在历史上先后至少有两种汉译本，分别是《普曜经》和《方广大庄严经》，前者的译者是西晋时代的竺法护，后者的译者是唐代来华的印度僧人地婆诃罗。

此外，汉译佛经中还有一部经典，名称是《佛本行集经》，译者是隋代来华的印度僧人阇那崛多，内容上与 *Lalitavistara* 很接近，但结构和有些地方不一样，可以看做是性质相近的一部书。

这三种汉译佛经，在日本出版的《大正藏》里，都收入《本缘部》。以内容、结构和文字而论，地婆诃罗的译本最接近现存的梵文本，因此这里以《方广大庄严经》作为译名。《方广大庄严经》在古代还有一个汉译名，是《神通游戏》。上世纪六十年代，金克木先生写《梵语文学史》，使用的就是后一个译名。

《方广大庄严经》的梵文本很早就被发现，而且先后有三种校订本出版。三种校订本分别是：

一，R. Mitra校订本，1877年在印度出版，后来又重印过。

二，S. Lefmann校订本，1902年、1908年在德国出版。

三，P. L. Vidya校订本，1957年在印度出版，1987年由S. Tripathi修订重印。

但三种校订本都有一些问题，使用中需要注意①。

梵文本共二十七品。从佛受大自在天等的请求，讲说《方广神通游戏大庄严经》，即《方广大庄严经》，从菩萨住兜率天宫讲起，投胎，降生，成长，出家，成道，一直讲到转法轮为止。地婆诃罗的汉译本，也完整地保留了二十七品的结构。

《方广大庄严经》的篇幅很长，内容也很丰富，一时不可能做全面的讨论。这里只挑选其中的第十品，讨论其中的一些问题。选这一品的原因是其中涉及到印度的"字书"和"唱字"，涉及到一些有意思的问题。

梵文本《方广大庄严经》的第十品名称是Lipiśālāsaṃdarśanaparivarta，汉译为《示书品》。《示书品》的一开首，讲

_____

① 相关的较早的研究可参考M. Winternitz: *History of Indian Literature*, New Delhi: Oriental Books Reprint Coporation, 1977, Vol. II, 第248–256页。

到佛渐渐长大,到了上学的年龄,应该到学校去读书了。于是与佛一起,一万童男、一万童女相随,一万车乘来到迦毗罗卫城的大街上,民众观瞻,欢喜无量,百千音乐,天雨妙花,诸天彩女,众神拥护。佛由父亲净饭王引领,到了学校。学校的老师名叫Viśvāmitra,汉文的译名是毗奢蜜多。有趣的是,汉译者还在这个名字前还加了"博士"的头衔。在佛的面前,毗奢蜜多虽是"博士",但自觉学问不够,"生大惭惧,迷闷躃地。时兜率天子,名曰妙身。扶之令起,安置座上"。毗奢蜜多起来之后,佛向老师提问,一下列举出六十四或者说六十五种所谓的"字书",问老师准备教他哪一种。这些"字书"对于毗奢蜜多是闻所未闻。毗奢蜜多听说之后,"欢喜踊跃,自去贡高",诵诗称赞佛的知识广博。佛列举出的"字书"分别是[①]:

1. Brāhmī; 2. Kharoṣṭī; 3. Puskarasāri; 4. Aṅ.galipi;

---

① 通常一般讲字书的数量是六十四种,但梵文本举出了六十五种。地婆诃罗的汉译本也举出的是六十五种。从印度的习惯讲,六十四是个常数,因此似乎应该是六十四,但这里确实是六十五,大概是因为经典传承中不经意所造成的结果。《普曜经》和《佛本行集经》中举出的就是六十四种。梵文原文见P. L. Vidya本,Darbhanga,1987,第96–99页。地婆诃罗的汉译文见《大正藏》卷四,第559页–560页。

5.Vaṅ.galipi; 6. Magadhalipi; 7. Maṅ.galyalipi; 8. Aṅ.gulīyalipi; 9. Śakārilipi; 10. Brahmavalilipi; 11. Pāruṣyalipi; 12. Drāvidalipi; 13. Kirātalipi; 14. Dākṣiṇyalipi; 15. Ugralipi; 16. Saṃkhyālipi; 17. Anulomalipi; 18. Avamūrdhalipi; 19. Daradalipi; 20. Khāsyalipi; 21. Cīnalipi; 22. Lūnalipi; 23. Hūṇalipi; 24. Madhyākṣaravistaralipi; 25. Puṣpalipi; 26. Devalipi; 27. Nāgalipi; 28. Yakṣalipi; 29. Gandharvalipi; 30. Kinnaralipi; 31. Mahoragalipi; 32. Asuralipi; 33. Garuḍalipi; 34. Mṛgacakralipi; 35. Vāyasarutalipi; 36. Bhaumadevalipi; 37. Antarīkṣadevalipi; 38. Uttarakurudvīpalipi; 39. Aparagodānīlipi; 40 Pūrvavidehalipi; 41. Utkṣepalipi; 42. Nikṣepalipi; 43. Vikṣepalipi; 44. Prakṣepalipi; 45. Sāgaralipi; 46. Vajralipi; 47. Lekhapratilekhalipi; 48. Anudrutalipi; 49. Śāstrāvartā; 50. Gaṇanāvartalipi; 51. Utkṣepāvartalipi; 52. Nikṣepāvartalipi; 53. Pādalikhitalipi; 54. Dviruttarapadasaṃdhilipi; 55. Yāvaddaśottarapadasaṃdhilipi; 56. Madhyāhāriṇīlipi; 57. Sarvarutasaṃgrahaṇīlipi; 58. Vidyānulomāvimiśritalipi; 59. Ṛṣitapastaptā; 60. Rocamānā; 61. Dharaṇīprekṣiṇīlipi; 62. Gaganaprekṣiṇīlipi; 63. Sarvauṣadhinisyandā; 64. Sarvasārasaṃgrahaṇī; 65. sarvabhūtarutagrahaṇī。

有趣的就是这六十四或六十五种"字书",佛早已经全知,而博士毗奢蜜多却不知道。故事中有这样的情节不难理解,因为这里要表现佛的全知全能,即使当佛还只是一个幼童,也是如此。但这里的问题是:古代印度有这么多种文字吗? 答案当然是否定的。

不过,这其中讲到的也不完全不是事实。六十多种"字书"中,第1和第2种,即 Brāhmī("梵寐书")和 Kharoṣṭī("佉卢虱底书")①,就代表了印度古代最主要的两种文字系统,实际上都存在过。今天印度广泛使用的天城体字,就是从前一种"字书"发展而来。有趣的是其中提到第21种的Cīnalipi("支那书"),"支那"就是中国,这指的是中国的文字。中国当然很早就有文字。这是否说明《方广大庄严经》这个时候的作者已经知道了中国有文字? 估计有这种可能。还有第23种的 Hūṇalipi("护那书"),从梵文的原文看,应该指的是中国史籍中讲的匈奴,古代的匈奴有过文字吗? 这却很可怀疑。再有就是,列举出来的各种字书,有的涉及到印度的民族名,

①这里的汉译名来自地婆诃罗的汉译本。地婆诃罗的译本列出的六十五种"字书"的名称和次序都不能完全与梵文原文匹配,说明地婆诃罗使用的梵文本与现存的梵文本文字上有一些差异。

例如第12种的Drāvidalipi，这就是今天称作的达罗毗荼人；有的涉及到地名，例如第6种的 Magadhalipi，第 14种的 Dākṣiṇyalipi，第 38种的 Uttarakurudvīpalipi，第39种的 Aparagodānīlipi，第40种的 Pūrvavidehalipi；有的则是神话中的天龙八部、诸天鬼神的名字，例如从第26种一直到第33种的Devalipi（"提婆书"）、Nāgalipi（"那伽书"）、Yakṣalipi（"夜叉书"）、Gandharvalipi（"乾闼婆书"）、Kinnaralipi（"紧那罗书"）、Mahoragalipi（"摩睺罗书"）、Asuralipi（"阿修罗书"）、Garudalipi（"迦娄罗书"）。其余的则很难判断是什么出处。

《方广大庄严经》是佛传，与其他的一些佛传不大一样的是，它已经明显具有大乘佛教的色彩，可以说已经是一部大乘经典。在《方广大庄严经》中，佛的生平已经充分地被神化。为了表现出佛的神异能力，故事中一下列举出六十多种"字书"，虽然大部分不是事实，但第一，它反映了作者——当然不是一个人，也不是一个时候所写成的——对现实世界的了解，一定程度上也反映作者当时对印度周边国家、印度的民族、地理区划的认识；第二，它是作者对世界众生以及众生应该有的"字书"的想象。在作者的想象世界里，人天混杂，万象包罗。《方广大庄严经》的另一个译名《神通游戏》，反映的就是这个特点。佛天生通解六十多种"字书"，就是一种神通。作为宗教神话，这不奇怪。古代印度其他的宗教也是这样。在古代印度人的精神世界里，人神并存，虽然这对于我们中国人多少有些怪异。在中国，人与神的区别，一般是很明确的。

再有，如果我们拿西晋时代竺法护的《普曜经》中列出的汉译名做对比，则会发现另一种有趣的现象，"字书"的名字更多的是与中亚一些民族的名字相关，例如第7种字书的"大秦书"，第16种的"康居书"，第19种的"佉沙书"。是原文如此？还是竺法护自己因时因地而使用了自己认为更容易理解的词语？我们目前还不清楚。地婆诃罗翻译的"支那书"和"护那书"，竺法护则更明确地译为"秦书"和"匈奴书"。很大的一种可能是，竺法护翻译时所使用的底本是中亚的传本，流传过程中带有中亚的特点。

至于《示书品》中接下来讲到的"唱字"方面的问题，佛与一万童子"同学字母，唱阿字时，出一切诸行无常声。唱长阿字时，出自利利他声"。涉及到佛教文献与佛教的另外一些问题，留待下次再讨论。

（原载《东方研究》，经济日报出版社，2008）

"西化"还是"中国化"
——从佛教的历史看中外文化的交流与互动

　　我想先解释一下题目，首先是"西化"二字。"西化"就是"西方化"。这本来很简单。依照现在的理解，西方是指欧洲、美国，尤其是美国。但我今天讲的"西化"一词中的"西"，既不是美国，也不是欧洲。我这里说的西方，是《西游记》中唐玄奘要去的"西方"，中国古代又叫做西天、身毒、天笃、天竺，从唐代的玄奘开始，叫做印度。因此，这里的西化，一定程度上也可以说是"印度化"。欧美的"西方"，有时间的话我也可能讲几句。那留在后面再讲。

　　在座的都知道印度，印度是中国的邻国。跟中国一样，印度在世界上不算是强国，但是是大国，甚至可以说是最大的大国之一。大在哪里？首先是人多，人口大国；其次是地方也不小；再有就是历史长。在我们今天一般中国人的印象中,对于印度,从好的方面讲,想到的是佛教、释迦牟尼,这些都了不起,很玄妙。佛教的经典,对中国人也是很玄妙的。还有印度教,还有印度的古典,有四部,《吠陀》《奥义书》《森林书》《往世书》,也都玄妙得很。那是讲古代。近代方面,则可以提到泰戈尔,有人称作"泰翁",那也是有点仙风道骨,飘逸得很。从不好的方面讲,是穷,落后,比中国还不如。说中国穷,印度比中国还穷。而且中国经过这些年的发展,给外部世界的印象,已经不是太穷了,我们的GDP的总量已经进入世界的最前列了,是前三名中的第三名,虽然人均在世界上其实比较靠后。但印度还在我们的后面。总之,关于印度的这些印象,不能说完全不对,但也不全对。其实印度跟中国一样,方方面面,太复杂了,用一两句话、几句话怎么能讲清楚呢?

中国的历史,今天一般讲有五千年。有文字记载的,同时确确实实可以弄得比较清楚的,有三千多年。最清楚的,应该说是在东周"共和行政"以后,也就是从公元前841年开始,绵延不断的文字性的历史记载,一直到今天。这在世界上是很独特、很了不起的。这里我就想提一个问题:中国地处东亚,在这将近三千年的时间里,如果不算近代的这一两百年，外国，外部世界，有哪一个国家在文化上对中国发生过最大的影响，与中国在文化上关系最为密切，有过最多的交流？我想，就这一点而言，在中国周边的国家中，非印度莫属。

在人类的文明史上，在东部亚洲，曾经产生过两个具有原生意义的文明，一个是中国，一个是印度。之所以说这两个文明具有原生意义，是因为他们自成体系，受到外界的影响比较小。这两个文明有两个主要的共同点：其一是几千年来延续不断。世界上有过很多文明体，但并不是所有的文明体都能完整地延续到今天。比如古埃及文明，曾经繁荣过很长一段时间，但是最后却凋零了；同样的，南美洲的印第安文明也是如此。其二是中国和印度这两个文明体在过去的几千年中表现出来的坚忍性、更新力和很强的创造力。

从历史的大尺度上看，中国和外部世界接触，中国文化与外来文化之间，发生的影响最大，后果最重要的，其实主要就是两次。一次是中国与印度的交往。另一次是明代后期开始接触，但是到了鸦片战争才真正开始的与欧洲文化，或者叫现代资本主义文明或文化的交往。前者从公元前后开始，到11、12世纪基本结束。接触的结果大多已经定型,也看得比较清楚。后者到现在为止,还没有一个最终的结果。加上在最近十多年来大家讲得很多的全球化,一切还在发展的进程之中。但我认为,前者已经成为历史。既然是历史,就可以为我们理解正在发生的事情提供坐标,提供经验。近代中国,曾经不止一次地讨论过"西化"问题,既有现实问题的背景,也有迫切的政治需要。因此我们不妨回顾历史,看历史能够给我们些什么经验。

至于"中国化"的意思,那就不用解释了。

下面进入我们的正题:从佛教的历史看中外文化的交流与互动。

与我们的这个题目有关的,第一是佛教史。可是要讲佛教的历史,内容很多。过去老一辈人常说,一部二十四史从何讲起?其实佛教史也是如此,也许更不知从何讲起。佛教的经典,总数比一套二十四史多得多。最早形成的时间有两千四五百年,而覆盖的地域则宽广得多了:印度、西域、南亚、东南亚、日本、朝鲜、越南,等等。

印度方面不讲了,主要讲中国。佛教传入中国,已经有两千年的历史。1998年,国内纪念过佛教传入中国二千年。今年是2005年,算起来就是两千零七年。倒回去算,佛教传入中国是在公元前2年。这方面的问题，学者们曾经做过许多讨论。一般认为，在各种有关佛教传入中国的传说中，《三国志》卷三十裴松之注引鱼豢《魏略》书中的《西戎传》的记载最为可信：

> 汉哀帝元寿元年，博士弟子景卢受大月氏王使伊存口受《浮屠经》，曰复立者，其人也。《浮屠》所载，临（伊？）蒲塞、桑门、伯闻、疏问、白疏间、比丘、晨门，皆弟子号也。

这就是有名的"伊存授经"的故事。元寿元年即公元前2年。1998年的纪念活动，根据的就是这一记载。

当然，关于佛教最早传入中国的历史，也还有其他的说法。"永平求法"就是其中之一。故事讲东汉的汉明帝有一天做梦，梦见"神人"，"身体有金色，项有日光，飞在殿前"。第二天问大臣是怎么回事，一位大臣回答说："天竺有得道者，号之曰佛。"于是汉明帝派出使臣到大月支，写取佛经四十二章，带回中国，从此汉地有了佛教。今天洛阳有名的白马寺，传说是中国最早的佛教寺庙，名字的由来，就是因为这些佛经据说是由一匹白马驮来，到了洛阳，皇帝于是建了这座寺。这个故事很有趣，但在细节方面的问题太多，其中想象或增饰的痕迹太明显，同时依靠的文献自身的年代也有争议，所以，有多少历史的真实性很难说。不过，这个传说已经被广泛地接受。几年前，中印两国政府商定，为了加强双方的文化理解和交流，中国方面在印度当年玄奘法师留学的那烂陀，重新装修玄奘纪念堂；印度方面则派人到中国来，在洛阳白马寺修建了一座印度风格的佛殿。今年5月29日，印度总统帕蒂尔在访华期间，还特地到洛阳参加了这座佛殿的落成仪式。

关于中国佛教史的研究，我想提到两本用英文写的书，这和我要讲的主题有一点关系：第一本书的书名是*The Buddhist Conquest of China*: *The Spread and Adaptation of Buddhism in Early Medieval China*。作者是E. Zürcher，中文名字许理和。他是荷兰的学者，做过莱顿大学汉学院的院长。这部书在西方很有名，最早出版是在1959年，1972年又重印过。前几年国内出过一个汉译本。

另一本书是*The Chinese Transformation of Buddhism*，作者陈观胜（Kenneth Chen），美国普林斯顿大学出版社1973年出版。陈是普林斯顿大学的教授，来自一个华侨家庭，1949年前好像在北京的燕京大学学习过，后来去了美国，在美国教书。

两部书讨论的都是中国佛教史，但书名不一样。书名中一个突出的是Buddhist conquest，另一个突出的是Chinese Transformation。书都是用英文写的，有什么区别？我想，这里面是有一些不同，反映了作者对问题有不同的认识角度。两本书的题目，都各有道理，看你从哪个角度去理解。前者就有些"西化"的意思，后者就是"中国化"。我今天的目的，不是想要讨论这两部书。我举这两部书，只是想以此作为提示，说明一部佛教传入中国和在中国发展的历史，既可以说是"西化"的历史，也可以说是"中国化"的历史，二者其实是互动互补的。文化交流的最后结果，既不是完全的"西"，也不是完全的"中"，是"中西结合"。

为了说明问题，下面就举一些在中国历史上发生过的、与我这里讲的"西化"和"中国化"都有关的事例。

第一个例子：出家人即佛教僧人的地位问题。

在中国，最早没有出家人这一说。佛教传来后，出现了出家人，叫做僧人，或者沙门，或者和尚。僧人、沙门以及和尚，这几个名词都是从印度来的。出家的僧人在社会中应该处在一个什么地位上，与世俗社会关系怎样，是个新事物。在印度，出家人地位一般来说是比较高的。尤其是国王，一般都很尊敬出家人。出家人往往也自认为自己的地位不低于世俗的王公贵族，这就是"沙门不敬王者"。但在中国，情况不一样，出家的僧人应不应按世俗的规矩向君主敬礼，成了一个问题。一派（主要是僧人）主张不敬，另一派（主要是代表世俗社会的一部分知识精英，包括大部分皇帝）要求敬。两派激烈地进行争论。东晋时代有位高僧，名叫慧远，写了一篇《沙门不敬王者论》，主张"出家乃方外之宾"，虽"不处王侯之位，亦已协契皇极，在宥生民"，"不得与世典同礼"，因此不应向王者致敬。当然另一派也有自己的理由和说法。这些争论在文献中有不少的记载。最后的结果当然还是要敬，虽然慧远自己似乎是个例外。

大家不要小看了这件事的意义。这在当时可是大事。皇帝、大臣、王公贵族，当然也包括身处其中的僧人的领袖，都要发表意见，往往是一场或多场很激烈的争论。

在中国历史上，出家人与国家政权的关系，国家对宗教的管理权，从来就是一个重要的问题。古代有不少中国僧人到印度去，见到印度与中国不一样，"众僧名字不贯王籍""其有犯者,众自治罚",认为中国的出家人地位太低,因此批评中国不对。但他们没弄明白,中印之间,政治文化背景有很大的差异,因此才有这些不同。在中国,政府对宗教从来就实行直接有效的管理,"神州出家,皆蒙公度"。中国自南北朝起,政府设立有专门的机构管理僧人出家、僧籍等事务。后秦时有僧正,南朝有僧主,北朝有沙门统、僧统。政府设立有昭玄寺、崇玄署、祀部。这其实就是今天的国家宗教局。唐代有一位高僧,名叫义净,他去印度,在印度学习过多年,回来后向中国人介绍印度的情况。他有一部书叫《南海寄归内法传》,是他在印度尼西亚写的,书里说:"亦未见有俗官乃当衙正坐,僧徒为行侧立,欺轻呼唤,不异凡流。送故迎新,几倦途路。若点检不到,则走赴公门。求命曹司,无问寒暑。"义净把中国的情形与印度做对比,他觉得为什么在中国要不一样。但中国就是这样,这是没办法的事。在中国,"神权"必须服从"王权"。这的确与印度不一样,与中世纪的欧洲也不一样。这就叫"国情"不同。

在印度,从一开始,祭司阶层,这里是讲出家人——也不仅是佛教,印度历史上还有其他宗教,至今如此——地位就高,他们原则上不礼拜世俗的君主。王权与神权各自管各自的事，一般情况下井水不犯河水。

这方面泰国的情况也相似。泰国属于南传佛教系统，与中国不一样。泰国的国王是很神圣的，但泰国的僧王不拜泰国国王，反而是国王拜僧王。

欧洲的教皇，在中世纪也是这样。王权一度服从神权。中世纪欧洲的国王，很多在加冕时先要得到教皇的批准，仪式要由教皇来主持。

但中国就是不一样。中国人出家，从印度学来，这件事可以说是"西化"了。但在沙门要敬王者这一点上，佛教在中国被"中国化"了。

在中国，只有一个例外，那就是中国的西藏地区。特殊的历史，特殊的文化背景，西藏曾经形成一种政教合一的体制，宗教领袖和政治领袖合二为一，就是达赖和班禅。但这已经离开了我们的话题，不讲了。

第二个例子与社会的伦理观念有关。

刚才说了，在印度，出家人的地位一般都很高。传统的印度人，一生追求的目标有四项：法、利、欲，再加上"解脱"。印度古代的传统，讲人的一生，应该或者可以分为四个时期：梵行期、家居期、林栖期、遁世期，最终归于解脱。这样的终极目标具备一种神性或神圣性。这一点与欧洲的基督教有些相似。2004年，我在香港大学教书，当时香港刚好有个展览，展览的大多是印度和西藏的宗教文物，主要是佛教文物。我去看过。展览的题目叫Devotion and Desire，很能体现这种精神。

中国人就不大一样。中国人的目标一般来说很现实，主要是对家庭的责任，对社会或者有时被认为是对君主的责任。"百善孝为先"，以孝治天下。丁忧、守制等规矩就是这么来的。如果不敬父母，不敬君王，叫"无君无父"，问题很严重。佛教的出家，与此就有矛盾，但佛教又不能没人出家，没有出家众。因此中国的佛教虽然有出家人，但不管出家在家，讲孝都讲得比较多。出家以后没有后代了，不孝最大的问题就是没有后代，这是一个冲突，怎么解决这个冲突？中国人对佛教进行改造，就出现所谓的"伪经"，即中国人自己编撰的佛经，不是从印度来的佛经。"伪经"在一些虔诚的、认为非印度来的佛经就不是佛经的佛教徒看来不可接受，当然也没有价值。但这种所谓的"伪经"其实正反映了中国人自己独有的思想，而且在佛教发展的中后期，数量还不少。"伪经"中有一部《父母恩重经》，里面讲父母孕育之恩当报，"造经烧香，请佛礼拜，供养三宝，或饮食众生"。它虽是"伪经"，但中国老百姓接受认可。重庆大足石刻中，关于孝的题材特别多，也反映出同样的倾向。当然，这同时也与宋代以后中国社会的政治文化取向有一定的关系。宋代以后中国社会的政治文化取向回归于儒家文化，而儒家文化是建立在宗法制基础之上的，特别强调对祖先的崇拜。

第三个例子：思想与学术潮流。

这是一个大问题，我只能简单提出几点：一是魏晋时期中国的玄学与佛教般若学。佛教在印度有一套成熟的宗教哲学理论，有完整的宗教哲学理念，包括对世界本体的认识，通过翻译的佛经，这些理念进入中国，这就刺激了当时魏晋玄学理论的发展。在佛教的刺激下，在中国形成了一些新的哲学观念、哲学理念、哲学范畴。二是佛教的禅宗。"禅"这个概念源自印度，印度佛教中讲禅、坐禅、修禅，中国的佛教后来也出现了禅宗，它是把印度的禅的概念移植到中国来以后，按照中国人的观念进行阐释和发挥，然后在中国形成了一个新的宗教派别，一定程度上也是一个学术派别。这样，中国的禅宗和印度的禅相比，已经完全不一样了。从后汉时期坐禅、修禅传到中国，到唐代禅宗正式形成，这中间差不多有七八百年的历史，这是一个佛教概念从引进到吸收、最后"中国化"的过程。国内有不少的书讨论过这个问题，我不多说。

我只提另外一件一般人不太注意到的事，与我自己的专业有关，就是：古代的中国人对外国语言性质的认识，最初主要是在翻译和理解佛经的过程中开始，这种认识进而应用到对汉语本身性质的研究，大大推动了中国古代的音韵学理论和方法的发展。大家知道，中国文字是方块字，最初是没有注音系统的，古代标音就是用一个同音字去注另外一个同音字，如果同音字完全相像还能表达出来，如果字和字之间有时候不能完全同音的时候，就感觉到很困难。但是佛经传入中国以后，中国人发现了印度语系的语言拼合方式，于是就发明了一种标注发音的方法，叫做"反切"，就是用两个汉字，用前一个的声母，后一个的韵母，拼起来为一个汉字注音。这是中国语言发展史上的一个重要进步。这种注音方式一直使用到清代，直到民国时代，才发明了新的注音符号。南北朝早期有一位很有名的诗人、文学家谢灵运，他写过一本书，叫《十四音训叙》，专门讨论过与梵语发音相关的一些问题。

谢灵运在当时是知识界的一位领袖人物，他努力去了解印欧语系的语音学理论，分析其发音方法，这说明当时中国思想界和文化界对外来新鲜事物的态度与我们现在一样,是开放的、兼容并包的。

再比如我们今天经常讲的"字母"一词,也是这样来的。谢灵运是南北朝早期的人,在他之后这方面的研究一直延续下来,很多僧人都参与其中,只是僧人的参与往往还有宗教信仰的目的。唐末五代时期有一个和尚叫守温,对汉语的语音系统进行分析,写成了《守温三十六字母》,其中把汉语的发音分为"牙音——见溪群疑"、"舌头音——端透定泥"、"舌上音——知彻澄娘"、"重唇音——帮滂并明"、"轻唇音——非敷奉微"、"齿头音——精清从心斜"、"正齿音——照穿床审禅"、"喉音——影晓匣喻"、"半舌半齿音——来日"这几大类。这是中国古代音韵学的一部代表性著作。虽然守温的生平几乎不为人所知,但这三十六个字母,无论从内容或是排列的形式看,显然是受到梵文的影响而创造出来的。

第四个例子:夷夏之辨与中国人的文化优越感。

古代的中国人在文化上是比较有优越感的。先秦时代的中国人,就有夷夏之辨的概念,只能"夷"变于"夏",不能"夏"变于"夷"。那就是孟子讲的"吾闻用夏变夷者,未闻变于夷者也"(《滕文公上》)。

从来源上讲,佛教从印度传来,不是"国货",属于

"夷"的范畴，而不是"夏"。中国人接受了佛教，不就等于"夏"变于"夷"了吗？因此在佛教传入中国以后，有一段时间，这成为一个激烈争论的题目。儒家的思想是中国正统的占统治地位的意识形态，道教是在中国土生土长的宗教，于是反对佛教的儒家的学者就和道教的道士一起，都在这一点上攻击佛教。儒家的学者讲得比较坦率，观点堂堂正正。道士们则另有奇招。你不是说释迦牟尼是西方的圣人吗？佛教从印度来，我就釜底抽薪。中国的春秋时代有老子，也是一位圣人，道教出现后，被道教徒奉为始祖。老子西出函谷关的故事，也是早就有的。老子西出函谷，去了什么地方呢？去了天竺，也就是印度，在印度变成了佛，教化印度人，佛教就是这么来的。这叫"老子入夷狄为浮屠"。道士们为此还凭空编撰了一部书，叫《老子化胡经》。道教因此应该比佛教地位更高。这个说法，在今天看来，简直匪夷所思，但这时却认真地成为道教徒攻击佛教、抬高自己的重要根据，而佛教徒则同样认真地予以反驳。道教是反对"西化"的，但道教却偷偷从佛教学了许多东西，包括以这种奇怪的方式编出这部《老子化胡经》。这部书从南北朝到隋唐时代，曾经有过不小的影响，后来失传了，清朝末年才在敦煌藏经洞发现了它的唐代写本。

当然，在一定条件下，佛道也不是不可以调和。南朝宋齐时代的顾欢，是一位道教学者，写过一篇《夷夏论》，从夷夏的角度讨论佛教与道教，其中就讲"道则佛也，佛则道也，其圣则符，其迹则反"，又讲"舍华效夷，义将安取？"这样一讲，调和了佛道，但仍然主要是强调华夏的本位立场。中国文化的优越感自春秋战国时代一直延续下来，我们在接受外来文化的时候，有时候是因为一种比较盲目的优越感，但是有些时候是一种对自己文化本位的坚持。

第五个方面的例子：形象艺术。

佛教除了教义、经典以外，还有佛塔、佛像和石窟。佛教作为一种宗教信仰，这些都是其中的重要部分。中国原来是没有塔的，更没有佛塔。塔是随着佛教从印度来的，佛像和佛教石窟也都是这样。如果大家有机会到印度去，参观过早期印度佛教的佛塔和石窟，例如桑奇和阿旃陀；再有机会到新疆看过新疆的佛塔和石窟；再往东到敦煌，看敦煌的石窟，就会发现，佛塔和石窟，从印度开始，一步步往东，就一步步变化。一方面是基本的形制还在，一方面是越往东，印度的风格和特点就越来越淡化，

2002 年，哈佛大学，与哈佛大学 M.Witzel 教授合影

而当地的风格，中亚包括新疆的风格加入进来，到了汉地，最后就是汉地的风格越来越浓，最后就成了几乎完全是中国的东西。

佛像方面也是这样。印度的佛像，最有名的出自两个地方，一个地方叫做健陀罗，另一个地方叫做马吐腊。传到中国来，影响最大的，是健陀罗的佛像，也就是人们常说的健陀罗佛教艺术。健陀罗的佛教艺术，希腊人的贡献很大。我们看健陀罗的佛像，包括菩萨，形象非常像希腊人。广义的健陀罗，包括今天的阿富汗，两千多年前，希腊人在这里建立过他们的国家。佛教从印度西北部以及阿富汗往东传，佛像到了新疆就开始发生变化，后来到汉地时，就变得更多了。就是在汉地，前后时期，不同地区，也有不同。早期的佛像，例如山西大同云冈的佛像，形象上有中国人的特点，也有些外国人的特点。后来洛阳龙门的佛像，就基本上是中国人的形象了。更晚的，例如重庆大足的，更完全是中国人的形象，甚至可以说更像是南方人。总之，时代越晚，越往内地深入，就越中国化。菩萨的性别也可以变。观音菩萨在印度是男身，到中国成了女身。这类的例子还有很多，举不胜举。印度的菩萨也可以搬家，移民到中国。文殊菩萨到了五台山，普贤菩萨到了峨眉山，观音菩萨到了普陀山，地藏王菩萨到了九华山。古代印度的摩揭陀国有一座鸡足山，佛教传说释迦牟尼的一位大弟子大伽叶在那儿。中国云南的宾川县也有一座山叫鸡足山，也说是大伽叶在那儿。这些故事，都很有趣。

中国的石窟开凿技术也是源自印度。公元初期，印度佛教徒为了修行的需要，在山上开凿石窟，比较典型的就是坎诃利石窟和阿旃陀石窟。石窟艺术从印度开始，经过阿富汗，传入中国新疆，再由新疆传入敦煌，然后经由甘肃、河西走廊一带，传入中国内地。如今国内比较知名的石窟艺术有甘肃敦煌石窟、大同云冈石窟、洛阳龙门石窟、重庆大足石窟等。透过这些石窟，我们可以看到石窟艺术在中国发展变化的轨迹。

所有这些，无非是要说明，从印度方面讲，佛教传到中国，使中国一定程度上"西化"了，但佛教在中国也被"中国化"了。

第六个方面的例子：佛教与语言的关系。

汉语是今天中国人口中的多数人，也就是汉族的语言。语言是要变化的，在接触到以佛教为载体的印度文化后，汉语发生了相当多的变化。

后汉时代中国就开始翻译佛经，最初是由外国来的僧人作为主译，中国人做助手。后来中国派遣留学生去印度学习佛法，例如玄奘法师，学成归来后翻译佛经的工作主要就由中国人自己承担了，可以有外国人参加，也可以不需要外国人参加。为了大规模的翻译佛经，在政府和皇帝的支持下，专门设置了译场，实际上就是官方的翻译机构。有时甚至皇帝亲自来主持翻译工作。在前后将近一千年的时间里，这样大规模地把如此数量的外国经典（当然大部分是佛教经典，但也包括少量其他非佛教的经典，例如医学、天文学方面的经典）翻译成汉语。这在中国，乃至在世界的文化史上，都是一件很了不起的事。古代世界没有一个国家做过这样的事情。翻译的结果，使我们有了一部庞大的文献集成，现在一般称作汉文佛教大藏经或者汉文佛教三藏。

请大家不要小看了这部汉文大藏经，它其实是以佛教作为主题，集成了古代印度及其他的外国文化、中国文化的各方面的内容。这里只说语言方面的问题。为了翻译佛经，翻译者新造出许多新的字，新的词汇，还有新的语言表达形式，为汉语的发展提供了新的成分和内容，为中国思想文化的发展增加了新的资源。这样的例子很多。

一类是音译词，是从印度语言，或者古代西域其他民族语言翻译过来的。例如：佛、菩萨、和尚、禅、刹那、舍利、涅槃等。或者是从一个音译词，加上一个汉字而来。例如：忏摩（Kṣamā），忏悔；劫波（Kalpa），劫、劫难；摩罗（Mara），魔鬼；阎摩，阎罗（Yama）、阎王；禅（Dhyāna），禅定。

更多的一类是为了翻译一些新的、此前在汉语语境中没有的意义而造出的新词，例如：世界、平等、觉悟、法宝、真理、真谛、真实、真相、真心、真空、唯心、境界、唯我独尊、信仰、神通广大、妄想、普遍、无常、无量、无缘、转变、演说、圆满、圆融、化身、方便、游行、手续、感应、志愿、投机、解脱、烦恼、梦幻泡影、镜花水月、布施、功德、道具。

这些词语，历经一千多年，被广泛地接受和使用，到今天还是活的语言，虽然使用的背景和词义多少有不同的变化。佛经是印度的经典，翻译为汉语，被中国人接受，很多地方也被"中国化"了。

地名也是如此，今天在很多地方，都能不时见到与佛教相关的地名。例如鹫峰，北京西郊有鹫峰，其他地方也有。例如天竺，北京就不止一个地方叫小天竺。

藏族文化作为中华文化的一个重要组成部分，也深受印度佛教文化的影响，藏文大藏经《甘珠尔》的一部分就是翻译的印度佛教经典。另外，藏语、蒙语中也有佛教文化的痕迹。这些都是中印文化、中外文化交流的佐证。

最后说说历史给我们的启示。

一个人，生命其实很短暂，但作为一个群体，人类的历史却已经有一个很长的过程。我觉得，对于所有的事物，我们都需要有历史感。事物应该放在一个长时段去思考：五年、十年、五十年、百年、五百年、一千年、两千年，也许还可以考虑得更远更长。从空间来讲，也应该放在一个大的背景来看问题，中原地区、中国、亚洲、世界。佛教和佛教的历史只是人类历史的一部分，中国也只是世界的一部分。在整个宇宙中人是渺小的，但是人又是伟大的，因为人有智慧。佛教跟西方的基督教和伊斯兰教都不太一样，它比较强调思辨、智慧，强调用智慧去理解人生、理解世界。我们究竟该怎么去理解"西化"还是"中国化"，这在历史上曾经有过很多争论，不过，在我看来，真正的结论应该是，中国与外国、中外文化之间互相交流，互相影响，既被人家"化"，也"化"人家，两千年没有中断，也不可能中断。

近代的中国，从鸦片战争开始，发生了巨大的变化，这样的变化，被称作"亘古未有"。一直到今天，还在变化与变动之中。从清朝末年，到民国年间，在知识阶层和政治精英中，有人主张"西化"，甚至"全盘西化"；有人反对"西化"；有人讲"中学为体，西学为用"，也有人讲必须"中西结合"；有"西学东渐"，这些年又有人讲"东学西渐"。既有理论上的竞争和讨论，也暗含着各种政治动机和利益冲突。国家和国家之间的确存在利益的冲突，文化和文明之间有时也有利益方面的考量。

但争论归争论，社会无论如何是要进步的，而且实际上也在进步之中。人类所有的文化，包括中国的文化，总是需要互相交流，互相学习的，非如此不能进步，非如此不能发展。我们今天要做的，其实就是推动这个过程，促进这种进步。用过去常讲的一句套话，这才真是不以人的意志为转移的一件事。如果从佛教在中国发展的历史来看，我们既存在所谓的"西化"的过程，同时也有一个"中国化"的过程。我们一直在"中国化"和"西化"之间，寻找一个平衡点。我们希望在中国现有的文化背景下，既能吸收外来文化的优秀部分，又能加以改造，使之成为我们中国自己文化的组成部分。

回顾中外文化交流的历史，我们得到的启示就是：中华民族只有以更加开放、更加自信的姿态，去接受外来文化，才能在保持中华文化本体的基础上，继承和发展我们的中华文明。

2010年7月17日

（原载《部级领导干部历史文化讲座·2010》，国家图书馆出版社，2011）

根干和枝叶
——中印友好的历史与世界和平的理想

在世界的历史上，没有其他任何两个国家，有着像中国和印度这样相近或相似的经历：我们都是文明古国，历史悠久，文化传承至今不断；我们都在亚洲，是亚洲的大国，也是世界的大国；我们都地域广大，人口众多，两国的人口加在一起，将近世界人口的三分之一；我们又是近邻，中间以喜马拉雅山为界；我们两国的历史，有许多共同之处；我们之间，还有着至少两千年以上友好交往的历史；两千年来，只有在上个世纪的六十年代初期，不幸发生过一段时间短暂、规模有限的冲突。环视我们四周的世界，在亚洲，在欧洲，在美洲，曾经存在过，现在也还有许许多多的国家，在它们之间，有这样的事吗？好像是没有过。历史上许多文明古国，早已传统中断，至今只能留在人们的记忆之中。众多的国家或地区之间，从古到今，冲突绵延，大小战争不断，有的至今还没有得到一份应该得到的安宁。从这一点看，中国和印度两国交往的历史，的确与其他的国家很有些不一样。

在英文中，中国叫做China。这个字，如果追本溯源，其实就来自印度的梵文词Cīna。西方语言中的"中国"一名，绝大多数从此而来。这说明了什么呢？这至少说明一件事：在这个地球上中国以外的地方，多数的人，知道中国，用China这个词称呼中国，这件事，与古代的印度和印度语言有密切的关联。在世界知道和了解中国的过程中，我们的近邻印度曾经起过重要的作用。

英文中的印度，叫做India，这个名字最早的来源，也是一个梵文词Sindu。Sindu的原意，指"河"，或者特指印度河。波斯人最早用这个词称呼印度这个地方，然后这个名字传到希腊，其间语音发生变化，最后成了India，然后再传到别的国家，于是成为人们称呼印度这个地方的名字。

直到今天，虽然我们中国人称呼自己的国家还是叫"中国"，印度人称呼自己的国家仍然是"婆罗多"，但对于当今世界上大多数人或大多数国家来说，我们两个国家，一个被叫做China，一个被叫做India。今天的地球，

1987年，德里印度总理府，会见印度总理Rajiv Gandhi

或者说世界，很大，也很小。国家与国家之间，人民与人民之间，交通往来，比过去什么时候都更密切，更频繁。China和India于是成为中国和印度两个国家在世界上最常用的名称。

我很佩服印度的兰密施先生，有这样的灵感，在现在这个时候，创造出这样一个新词Chindia，把China和India两个词有机地结合在一起。这不是无中生有，而是有根有据，不仅是有根有据，还是"心有灵犀"。这使我想到，在我们明确知道的中印之间两千年以上的交往史上，这个词，虽然是新词，但中印文化之间你中有我，我中有你的关系却早就存在。要说明这一点，具体的事例可以有许多。如果举其大者，佛教是其中之一，语言是其中之二，艺术是其中之三。当然，除此之外，还有很多很多。

我这里只以佛教为例来说明这其中的关系。佛教产生在印度，可是在两千年前，就传到了中国，为中国人所接受。从一个角度看，印度可以说是佛教的根，中国的佛教是从这印度的根上生出的干和叶。但是，仅仅只是这样说，并不能全面地说明中印两方面的情况。中国佛教历史上的一个故事，正好是一个例子。唐代中期，从印度来到中国的，有一位不空和尚，不空是宣传佛教密宗的大师，在中国很受尊崇。唐代印度来华的密宗僧人中，有三位最出名，被称作"开元三大士"，不空是其中之一。不空有一位中国弟子，名叫含光。不空到中国后，曾经返回过印度一次，含光跟随前往。《宋高僧传》卷第二十七有《含光传》，讲到含光从印度回来后，在唐代宗的时候，到过五台山。五台山当时有一位中国佛教史上有名的僧人，名叫湛然。湛然向含光打听印度的情况，含光于是讲了他在印度的一段经历：

有一国僧，体解空宗，问及智者教法。梵僧云：曾闻此教，定邪正，晓偏圆，明止观，功推第一。再三嘱光，或因缘重至，为翻唐为梵附来，某愿受持。屡屡握手叮嘱。详其南印土，多行龙树宗见，故有此愿流布也。

这就是说，虽然一般讲来，总是中国人在向印度学习佛教，但到了这个时候，印度的僧人在了解了中国的情况后，在佛教方面，也希望向中国学习。这是一件很有意思的事。对这个故事的细节，虽然有人表示过怀疑，但从情理讲，故事整体上应该可信。撰写《宋高僧传》的赞宁，在讲完这件事后，又写了以下一大段话：

未闻中华演述佛教，倒传西域，有诸乎？通曰：昔梁武世，吐谷浑夸吕可汗使来，求佛像及经论十四条。帝与所撰《涅槃》《般若》《金光明》等经疏一百三卷付之。原其使者必通华言，既达音字。到后以彼土言，译华成胡，方令通会。彼亦有僧，必展转传译，从青海西达葱岭北诸国。不久均行五竺，更无疑矣。故车师有《毛诗》《论语》《孝经》，置学官弟子以相教授，虽习读之，皆为胡语是也。又唐西域求《易》、《道经》，诏僧道译唐为梵。二教争菩提为道，纷挐不已，中辍。设能翻传到彼，见此方玄赜之典籍，岂不美欤！又夫西域者，佛法之根干也，东夏者，传来之枝叶也。世所知者，知枝叶不知根干，而不知枝叶殖土，亦根生干长矣，尼拘律陀树是也。盖东人之敏利，何以知耶？秦人好略，验其言少而解多也。西域之人淳朴，何以知乎？天竺好繁，证其言重而后悟也。由是观之，西域之人利在乎念性，东人利在乎解性也。如无相空教，出乎龙树，智者演之，令西域之仰慕。如中道教，生乎弥勒，慈恩解之，疑西域之罕及。将知以前二宗，殖于智者慈恩之土中枝叶也，入土别生根干明矣。善栽接者，见而不识，闻而可爱也。又如合浦之珠，北土之人得之，结步摇而饰冠佩，南海之人见而不识，闻而可爱也。蚕妇之丝，巧匠之家得之，绣衣裳而成黼黻，缫抽之姬见而不识，闻而可爱也。懿乎！智者慈恩，西域之师焉得不宗仰乎！

尼拘律陀树就是榕树，榕树的特点正是"枝叶殖土，亦根生干长"。赞宁用尼拘律陀树的"根干"与"枝叶"作为比喻，来说明中印佛教和文化之间的关系，既讲了共同点，又讲了差异之处，真是堪称妙语。

　　赞宁的话，使我不得不又想到玄奘在印度的经历。玄奘到印度去，目的是向印度的大师们学习，但同时他自己也对印度的宗教文化发展做出了贡献。玄奘在那烂陀寺，向戒贤法师学习《瑜伽师地论》，又在印度各地广泛游学，因此成就了他广大的学问。在那烂陀寺，玄奘用梵文写成他的论文《会宗论》和《破恶见论》。前者把当时印度大乘佛教中观派和瑜伽行派两派的理论融合在一起，讲出了玄奘自己的看法；后者为大乘的理论做辩护，受到印度佛教僧人们赞扬。印度的戒日王，敬佩玄奘的品德学问，在自己的国家羯若鞠阇国的都城曲女城（今天印度北方邦的卡瑙季）举行大会，请玄奘作"论主"。又邀请了印度的二十几位国王，四千多位佛教僧人，还有两千多位其他教派的信徒参加。玄奘在会上宣读的论文，据说十八天内没有一个人能够出来反驳。大乘的僧人因此给玄奘加了一个名字，叫"大乘天"（Mahādeva），小乘的僧人也给玄奘加了一个名字，叫"解脱天"（Mokṣadeva）。一个中国僧人，来到印度，因为学问，被人称作"天"，这样的荣誉，非玄奘不可以得到。我们知道，近代印度伟大的诗人、文学家泰戈尔，得到印度人民最大的尊敬，就是被称作"师尊天"（Gurudeva）。

中印之间，两千多年来，像这样"根干"与"枝叶"，"根干"生"枝叶"，"枝叶"变"根干"，互为"根干"，互为"枝叶"的事例，其实还可以找到许多。印度语言中，有一些词，如沙糖（Cinī）、钢（Cīnajā），梨（Cīnaputra）、桃（Cīnanī）等等，都和中国有联系。有这样的情形，China和India，不就成了Chindia了吗？用赞宁的比喻来形容，中印两国历史上的文化，真像一棵巨大的尼拘律陀树，根干交错，枝叶繁茂，树荫广被，至今犹能生发出勃然的生机。我们中印两国人民，其实生活在同一棵大树之下。

中国在战国时代以前，就有关于世界和平与大同世界的讨论。但那时中国人心目中的世界，范围还比较有限。在此之后，中国与印度有了直接的接触。对于中国人来讲，世界的范围，其中包括印度，变得越来越大。直到近代，中国和印度，一直和平相处。两千年来，在这个世界上，尽管在国家与国家之间，民族与民族之间，社会阶层与社会阶层之间，不停地有着冲突发生，中印两国人民之间，和平友好却始终是主流。世界的和平与大同，更一直是我们两国人民理想中的一种追求。

当今世界，并不到处都是和平与安宁。实际的情况是，不和平、不安宁的地方还有不少。幸运的是，在亚洲，在中印之间，过去曾经有过的共识，现在又重新得到加强：和平共处、友好交往、互相学习、共同发展，是我们唯一而且也是必须要走的路。今天的形势，中国和印度的事办好了，几乎就可以说，世界四分之一的事也办好了。首先是中印"同此凉热"，进而希望"环球同此凉热"。人类的历史发展到今天，我们中印两国所有爱好和平的人们，有什么理由不共同努力，树立起这样一个榜样呢？

总之，我希望（相信在这一点上，我们中印两国所有的朋友也都一样）中印友好的这棵尼拘律陀树，在新的世纪里，根深叶茂。大树之下，中印两个国家（这里就可以合在一起，用这个新词称作Chindia）同此凉热，共同发展，共同进步，为世界的和平做出具有历史意义的贡献。

（原载《中印大同：理想与实现》，宁夏人民出版社，2007）

记剑桥大学的中文书

剑桥大学是欧洲最古老的大学之一，剑桥大学图书馆也是欧洲最大的大学图书馆之一。图书馆建馆已有七百多年，至今藏书四百多万册，其中中文书约有十万册。中文书籍大部分都集中在中文部。中文部现任主任艾超世（Ch. Aylmer），1977年至1979年间曾在北京大学哲学系和历史系学习过。所有的中文书，实际上由他一个人管理。

据艾超世先生介绍，图书馆最早入藏中文书，是在1632年。当时的白金汉公爵（Duke of Buckingham）赠送一批书籍给剑桥大学，其中有明版《丹溪心法》一册，是为图书馆收藏的第一部中文书（有趣的是，牛津大学图书馆最早入藏的中文书中，也有三册明版《丹溪心法》，入藏时间也是在17世纪初。向达先生三十年代访问牛津，撰文介绍牛津的中文书时曾提到过）。在收到白金汉公爵的捐赠后，大学图书馆又零星收到一些中文书，但数量不多，真正大量入藏中文书始自威妥玛（T. Wade）。威妥玛其人，在近代中英外交史上并非无名之辈。他最早在英国陆军供职，参加了鸦片战争，后来在中国做外交官，从副使、正使、领事，最后做到英国驻北京公使。威氏通晓汉语，退休后接受剑桥大学的邀请，做了剑桥大学第一任中文教授。他在1886年将他所有的中文书共二千三百余册全部赠送给了剑桥大学图书馆。威氏在中国前后有四十年之久，在中国时便留心收集各种书籍，因此他赠送的书籍中有不少颇有价值，现在作为特藏放在中文部。

在威妥玛之后，图书馆陆续入藏的有巴克斯（E. Backhouse）收藏的中文书共一千三百多册。巴克斯的藏书，更多的一部分，约三万册，为牛津大学所收藏。向达先生的文中也提到了。此外还有骆任廷（S. Lockhar）和阿查文（E. Alabaster）的收藏。后面这两位都是长期在中国活动的外交官。捐赠中值得一提的还有慕阿德（A. Moule）和哈澜（G. Haloun）的藏书。这两位先后都做过剑桥大学的中文教授。慕氏研究中西交通史，尤以研究16世纪前中国的基督教以及与伯希和合著《马可波罗游记校注》而著名。哈澜本是德国的汉学家，二战时移居英国。李约瑟中年以后学习中文，研究中国科技史，最早就是受他影响。两人的藏书从质量上讲也都非常好。在此同时，图书馆也大量采购中文书。1949年哈澜专程到中国，购书一万多册，全面充实整个收藏。哈澜是专家，购书颇精。此后，大学图书馆的中文书从使用上讲，便比较完备了。

限于自身的工作和时间，我并未对剑桥整个中文书做全面的调查，下面仅就所见所及，择要再略做介绍。

从书的年代讲，我所见到的年代最早的书大概要算一种宋版《大般若经》。原书卷首题作"大般若波罗蜜多经卷第一百一十"，即"初分较量功德品第三十之八"，盈字函，形制为经折装，每叶六行，每行十七字，每版四叶，全卷全，末缀印工"丁庆印造"字样。后又有题记："明州奉化县忠义乡瑞云山参政太师王公祠堂大藏经，永充四众看转，庄严报地。绍兴壬午五（？）月朔男左朝请郎福建路安抚司参议官赐绯鱼袋王伯序题，劝缘主持清凉禅院传法赐紫慧海大师清宪。"绍兴壬午即绍兴三十二年（1162）。同样还有一种《大般若波罗蜜多经卷第五百六十七》，即"第六分显相品第三及法界品第四"，果字函，也是经折装，但形制较小，每叶六行，每行十七字，每版五叶，末附音义，无刻工名，但书末用毛笔字写有"天平十八年五月吉日"，函套上标"杭州普宁寺版大般若经，元至元年中刻"。图书馆1970年从日本弘文莊购来。两书中前者应该就是宋代福州刻印的藏经中的一种。

　　善本书中数量最多的是明清版书。两册《永乐大典》早已为世人所知。又有一套《明实录》抄本，自洪武、永乐、宣德、正统、成化、弘治、正德、嘉靖，讫至隆庆，但其中缺《洪武实录》卷十至三十二。原书似为明末抄本。《正德实录》一册钤有"礼府藏书"等印，可知是清末从礼王府中流出，而最后为威妥玛所得。流散在海外的《明实录》，现在知道的，一部在美国的普林斯顿大学，一部就在剑桥，剑桥一部好像更全一些。再有一种清顺治十四年至十五年张朝璘刊刻的《太和堂重订本草纲目》，也算是《本草纲目》中较早的刻本。又有一种明初人编的《异域图志》，全书为异域人物图画，附以简单的文字，部分反映了当时人对异域的知识。此书《四库总目提要》曾有介绍，在国内似亦稀见。与嘉靖、万历间编成的《三才图会》中的《人物门》相比较，图文大同小异，有些图文几乎完全相同，但《三才图会》刻工较精，图的排列次序不同，我未及一一对照，但似乎后者就采自前者。刚好馆中亦藏有一部万历三十五年刻板、清代中叶刷印的《三才图会》。其他的明版文集亦不少。

善本书中很有价值的还有太平天国的出版物。三十年代王重民先生为此专门访问过剑桥大学图书馆，后来编有《太平官书》四册，刊布了十种太平天国出版物，材料都取自剑桥。王重民先生先后访查过伦敦、剑桥、巴黎和柏林，最后的结论是："海外所存太平天国文献，剑桥所藏为最富。"王先生已有数篇专文介绍。除此以外，有一些书籍，如道光二十一年至二十九年十二月之间中英政府在广东交涉的外交文件的抄本，其中多为耆英等人给璞鼎查（H. Pottinger）等的照会，抄写整齐，为当时英方所存的原始抄本，现合订为九册，对研究清季外交史应该很有用。再如与清代白莲教起义有关的《直东豫三省教匪案》《钦定剿平三省邪匪方略正编》等，都是抄本。抄本中还有如《分类皇清奏议》一类的书。清末介绍西学时所译的书，如李善兰与艾约瑟合译的《重学》、李善兰的《代数学》《数学精蕴》，以及其他科技、医学、法律类的书亦有不少，正是当时容易收集到的书籍。今天看来，亦有价值。

光绪帝在光绪三十四年赠给伦敦中国协会的一套《古今图书集成》，共五千册，现在也放在图书馆里，各种方志据说也有三百余种，但我未及检查。

以上书籍，很多属于威妥玛的收藏。继威氏之后在剑桥作中文教授的翟理斯（H. A. Giles），曾编有《剑桥大学图书馆藏中文与满文书籍目录》一书，1898年出版。其后在1915年并出版有《续编》。这位翟理斯，是后来编过《英国博物馆藏敦煌汉文写本注记目录》的翟林奈或者翟理斯（L. Giles）的父亲，因此也被称为"老翟理斯"。他也曾在中国多年，在欧洲汉学界中也颇有名，但他编的这份目录实在不高明，其中明显有很多错误和遗漏。后来慕阿德似乎曾有意加以修订，但未完成。

图书馆整个中文书的目录，分作书名和作者名卡片两类，按威氏转写法拼写，然以字母排序。这套目录，和馆藏的日文书目一起，单独放在中文部，不与大馆的目录相混。大馆自1978年以后建有一套电脑目录检索系统，也不包括中日文书。但中文部现有的800多种中文期刊（连续出版物），却已输入了这套电脑系统中的期刊目录。所有的书籍，除少数珍本，都开架，中文书库在四五楼。书库于靠窗一边设有桌椅，倚窗而读，一边是随手可及的各类

1990年，剑桥大学，与剑桥大学Michael Loewe教授合影

书籍，另一边眺望出去，剑桥秀美的景色正在眼底，诚为一读书的好所在。

整个剑桥大学的中文书，主要集中在大学图书馆，但大学东方学系图书馆和李约瑟研究所也收藏有一些中文书。东方学系的中文书有四千多册，都是常用书，仍以文史类的书籍为主，数量不多，但对系里学习和研究的师生来说，使用最方便。

中国人对李约瑟并不陌生。他在1976年建立了一个独立的研究所，称作李约瑟研究所(The Needham Research Institute)。主要工作仍是编写和修订《中国科技史》，也接受访问学者和研究生在那里做研究。研究所的图书馆称作"东亚科学史图书馆"，所藏的主要是与中国科技史相关的书。藏书的基础是李约瑟原来私人的收藏，总数现在约有一万二千多册。善本中有南宋韩彦直撰《橘录》三卷，原书装为一册，白口，左右双栏，半叶十二行，每行十二字。此书曾先后被何焯及百宋一廛主人黄丕烈收藏，书末有二人的题跋，指为宋刻，但钱存训先生认为是明弘治年间的复宋刊本。又有《重修政和经史证类备用本草》十册三十卷，白口，半叶十二行。此书钱存训先生曾记为金刻本，但经检查，实系明成化四年山东济南依金刻本重新刊刻而成。再有一种明弘治、嘉靖间山西平阳刊本《新刊铜人针灸经》七卷，每半叶十行，行二十一字，亦颇足珍贵。又有万历三年刻《葆光道人秘传眼科龙木论》十卷。还有一种万历年刻《广舆图》，但仅存二卷。该馆曾选出馆藏的善本书，分营养、针灸、中药、农业及木工水利五组，制成缩微胶片，由剑桥大学出版社发行，以促进有关方面的研究。藏书中也有一套《古今图书集成》，是四十年代竺可桢先生所赠。为纪念竺先生，书架上还放着他的照片。

大学图书馆藏有甲骨百余片，为金璋（L.C. Hopkins）在1952年所赠。金璋同治末年来中国，做了二十多年外交官，后来回到中国，研究甲骨与古钱。中华书局1985年出版的李学勤等所编《英国所藏甲骨集》，对此有详细的介绍。

最后还应该附带提一下大学图书馆藏的满、蒙和藏文书籍。威妥玛藏书中有不少满文书，其中一些也值得注意，例如图里琛的《异域录》的满文本、满文抄本《养正图解》、康熙年间编的《满洲清文鉴》《蒙古清文鉴》蒙满合璧《清实录》满文译本《金瓶梅》《聊斋志异》《西厢记》等。又颇多辞典类的工具书，如《辽史语解》《金史语解》《元史语解》等。其中一种《礼部译字书十种》，实存苏禄、高昌、西天、西番、暹罗、缅甸六种译字（语、书），后有嘉庆三年南昌知圣道斋彭元瑞的识语，估计可能抄于乾隆年间。再就是藏文书，有印本，也有写本。印本书约一千多种，写本登录账125号，至今尚未编目。其中一部分就是1903年跟随荣赫鹏（F. Younghusband）窜入中国西藏的瓦德尔（L. A. Waddell）从西藏掠回英国，后又辗转入藏于此的藏文书。瓦德尔对他劫掠的藏文书曾撰文做过简单介绍，其中据说有一些很有价值。我不懂满文、蒙文，藏文也知道得很少，不能多做评论。

（原载《书品》1990年第4期）

书序篇

"小何"的书

——何莫邪《丰子恺》中译本序

　　我是一个在艺术上感觉十分迟钝的人，对于画见得不多，理解的水平大致没有超出过看其"像"还是"不像"。以这样的水平，大概基本上就没看懂过什么画（不管是玄妙高深的现代或后现代的画，还是传统中国的古画），欣赏当然更说不上。但这中间也有一个例外，那就是漫画。因为在我看来，漫画的构图简单，画家寥寥几笔，便描绘出一个或一组形象，画的意思大多也不难理解。像我这样图省事的人，见到漫画，也就往往多看几眼，自以为多少能够明白一些画家的意思。丰子恺的画，就属于我觉得可以理解、同时还喜欢的一类。

　　我最早见到丰子恺的画是四十年前，那时刚进初中，丰子恺的画给我的印象，是有一种说不出的亲切感。此外，我那时比较喜欢读古诗词，丰子恺的画，有一些以古诗词为题,诗与画巧妙地配合在一块,别有一种意境,既增加了我对画的理解,也加深了对诗词的感受。加上再后来有机会读到丰子恺的一些文章,对丰子恺的画和人,了解得更多一些,对他的画也包括文章有了更多的好感。这样的印象和感觉,成为我喜欢丰子恺画的最主要的原因。中国大陆五六十年代的漫画,大多带有很强的政治宣传色彩,虚张声势的多,与人为善的少,贯彻领导意图的多,出自作者本心的少,现在看来,能让人称道的实在寥寥。与此相比,丰子恺的画却很不一样。其中的道理,想想其实也简单:我们见到的丰子恺的作品,绝大部分创作在此之前。那时的画家,还能想画什么画什么,不用服从什么"中心任务"。他的作品,大抵都是他率真性格的表达。丰子恺的画是漫画,但在漫画中确实很不一般。

对丰子恺的画,早已经有许多评论。有人讲,丰子恺的画,有童趣、有诗情、有禅意,这当然说得很有道理。有人讲,丰子恺的画中,有一种菩萨心肠,这也说得对。丰子恺的思想,受到佛教的影响,因此这是很自然的事。他的画,尤其是其中的"护生"系列,最能直接表现出这一点。这些我都同意,也不用我在这里再多谈。我只是想说,我喜欢和欣赏丰子恺的画,最大的原因,是我觉得,他的画中有一种对人和生命的最深切的关怀。他的画和文，从题目、内容到精神，都是从这一点生发出来。我相信，由于这样的原因，与我有同感、喜欢丰子恺画和文章的人，在中国一定还有不少。而且这不仅限于中国，在中国之外，也有喜欢丰子恺和丰子恺的画的人。我知道的，早些时候有日本的吉川幸次郎，现在则有这本书的作者何莫邪（Christoph Harbsmeier）先生。

何莫邪先生出生在德国的哥廷根，目前任教于挪威奥斯陆大学，是奥斯陆大学东方学系的教授，又是挪威王家科学院的院士。我们是朋友。我们最初认识时，他送给我的第一部书，就是他的这本研究丰子恺的著作。书写成于1979年，1984年在挪威出版。记得我当时见到这部书时，实在是有些惊喜：在离中国这么远的地方，居然有这么一位喜欢、欣赏、研究丰子恺，而且写成了这样一部专著的学者。他送我书的时候，我正好在奥斯陆，当时的感觉，真可说是异国逢知己。

何莫邪先生热爱中国语言和文化，他研究的范围其实很广。有名的由英国学者李约瑟主编的剑桥出版的大部头多卷本的《中国科学技术史》中的《语言学与逻辑学》卷（*Language and Logic, Science and Civilization in*

China），就是他独力写成。他在中国有许多朋友，又是中国多所大学的兼职教授。在中国的朋友面前，他常常谦称自己为"小何"，朋友有时也这样叫他。他的这本书，我已经读过。"小何"对丰子恺的了解，比我多得多。书中的见解，更比我高明不知几何。"小何"的书，现在要在中国出版中文的译本。中译本还补充增添了不少原来的英文版中没有收入的丰子恺的画，同时"小何"自己又加了一些新写的话，使内容显得更加充实。出版之前，"小何"要我为他的书的中译本也写几句话，我十分高兴，爰记数语如上。但我说的话，实在并不重要。真正值得读的，是"小何"的书本身。

2004年11月6日于北京大学燕北园

（何莫邪《丰子恺》，山东画报出版社，2005）

2005 年，哈佛大学，全家合影

《梵字悉昙入门》序

    光明先生从台北来，把他快要写成的一本新书《梵字悉昙入门》的书稿给我看，还希望我为他的书提一点意见和写几句话。我真有些惶恐。原因很简单：我对于悉昙，实在知之不多，更不敢称作内行，能说什么呢？但我也明白，光明先生这样做，是抬举我的一番厚意，我不能不遵从，否则就几乎近于失礼。作为朋友，我乐意，也应该为光明先生的新书写几句话。

    我最早知道悉昙，是十几年前读日本僧人安然的《悉昙藏》。当时为了给我的一些研究题目（但不是悉昙）寻找材料，我读了安然的书，还把与安然书同时收入《大正藏》八十四卷的其他几种与悉昙有关的书也大致翻过一遍。不过，我当时的兴趣和注意力，主要并不在悉昙之上，我没有花很多时间去考虑有关悉昙的问题。对安然的书，我当时的印象是，抄撮群书，材料很丰富，但编排和处理上却比较杂乱。

在这之后，我到英国的剑桥，在大学图书馆里读书，读到荷兰学者高罗佩（R. H. van Gulik）写的一部书，题目正好就叫《悉昙》（*Siddham*），五十年代中期出版于印度。高罗佩是国际汉学界的名人，写过的书很多，其中有几种非常出名，但知道他的这本书的人却似乎不多。读过高罗佩的书后，我一方面称赞高罗佩所做的工作，另一方面也有些感触：悉昙这样的题目，本来与中国有最多的关系，但中国人自己注意到的已经不多，有兴趣的则更少，一个西方人，却就此写了一本书。这样的感触，直到后来见到香港饶宗颐先生在九十年代出版的《中印文化关系史论集·语文篇》，才有所改变。因为饶先生的书，有一个副标题，就叫做《悉昙学绪论》。书中好几篇文章谈到的问题，都与所谓的悉昙和悉昙学有关。

再后来，我自己也就梵文、梵字等问题写过几篇文章，对悉昙的兴趣由此也逐渐地浓厚起来。与光明先生相识，每次谈话，谈得最多的，就是悉昙和悉昙字。我们是因悉昙而交了。

我不敢班门弄斧，不能就悉昙发表很多的意见。但

浅见所及，我以为，中国古代佛教僧人以及学者们讲的悉昙或悉昙学，其实应该作两方面的理解，或者说可以作两种解释。第一种理解，所谓悉昙，只是指印度古代梵文或梵字的拼写以及有关的一套规则。唐代僧人义净写的《南海寄归内法传》卷四"西方学法"章，一开首讲到当时印度人学习梵文的规矩：

> 创学《悉昙章》，亦云"悉地罗窣堵"。斯乃小学
> 标章之称，但以成就吉祥为目，本有四十九字，共相乘

转，成一十八章，总有一万余字，合三百余颂。凡言一颂，乃有四句，一句八字，总成三十二言。更有大颂小颂，不可具述。六岁童子学之，六月方了。斯乃相传是大自在天之所说也。

就是指的这种情形。在古代印度，这是五明论之一的声明论的一部分。就此意义上讲，研习悉昙或者《悉昙章》的人，并非只是佛教徒。在古印度，学习梵文的人当然很多，学习悉昙或《悉昙章》则是他们学习梵文的第一步。

但是悉昙还有第二种或者说第二层意义：由于佛教尤其是大乘佛教和密宗理论的发展，在许多情况下，梵字的念诵和书写具有了特别的神秘的意义，因此把这一类梵字称作悉昙字，把有关的一整套理论和实践称作悉昙或悉昙学。这种悉昙，滥觞于印度，后来的发展和发扬光大，却主要是在中国和日本。从这一意义上讲，对悉昙或悉昙学，古代中国，同时也包括古代日本的佛教僧人们做出的贡献最大。尤其是在唐代，佛教的密宗和悉昙都很盛行，二者互相结合，文人学士、士大夫等也常常以能书写悉昙字为时尚。善梵书的僧人自不必论，文人中有名而我们今天又知道的则可以举出苑咸。王维有一首诗专门写此事，题目是《苑舍人能书梵字兼通梵音皆曲尽其妙戏为之赠》，诗中的描写颇有些意思，值得费点儿工夫抄下来：

> 名儒待诏满公车，才子为郎典石渠。
> 莲华法藏心悬悟，贝叶经文手自书。
> 楚词共许胜扬马，梵字何人辨鲁鱼。
> 故旧相望在三事，愿君莫厌承明庐。

由此苑咸又有诗《酬王维》：

> 莲华梵字本从天，华省仙郎早悟禅。
> 三点成伊犹有想，一观如幻自忘筌。
> 为文已变当时体，入用还推间气贤。
> 应同罗汉无名欲，故作冯唐老岁年。

记得我最初读到这两首诗时，什么是"三点成伊"，就不甚明白。假如当时光明先生已经写了现在这本书，而我又能见到，答案便会十分清楚。从摩诘居士与苑舍人的诗中，我们可以想象中国人当年学习梵书、书写梵字或悉昙字的情形，其中既有信仰的成分，同时也颇具几分雅致的情趣。至于我们今天还能见到的传为日本遍照金刚弘法大师空海书写的悉昙字，即使仅从书法的角度看，也是非常的高妙精致。我相信，在唐代，这样的书写悉昙字的高手应该不在少数，苑咸只是其中之一。

我不知道，我在上面所说的我对悉昙的理解是否能被朋友或同行们接受，但我由此还想到更多的一些问题，那就是：悉昙是在什么时候和在怎样一种情形下传到中国来的？我以为，对这些问题，过去虽有人讨论或在文章或书中涉及过，但是很不够，要是能做一番比较深入的研究，会很有意思。例如在讲悉昙时常常讲到的"四十二字门""五十字门"，究竟是怎么回事，它们最早来自什么地方，是什么意思，所有这些，都颇有研究的余地。一些日本的学者，以及我上面提到的高罗佩，已经在这方面开了头，中国（包括大陆和港、澳、台地区）的一些学者最近也逐渐把更多的注意力转向于此。再有，我们多数人今天见到的所谓《悉昙章》，大多是最初由中国汉地僧人抄写，后来再传到日本去的抄本，但我们在作研究时，是否还需要联系到在年代上更为古老的梵语或"胡语"的《悉昙章》？倘若要更往前追本溯源，显然应该考虑到后者。

光明先生的书，对悉昙的解释和介绍，颇为明了。但我以为更重要的是，通过这本书，光明先生不仅介绍了悉昙入门的知识，而且可能会引起更多的人对悉昙的兴趣。在研究悉昙或悉昙学的这一领域里，不仅有日本和西方学者的贡献，也将会有现代中国人越来越多的成绩。我在上面讲到的最初读到高罗佩书时的那点儿感慨，我想以后不会再有了。

我与光明先生认识的时间并不长，认识的机会也有些偶然。可是与他几次谈话，我都得到不少教益。我知道，他在台湾出版的著作已经有不少，其中几种我还有幸拜读过，印象很好。我衷心期望，也相信他的这部新著会获得更大的成功。

1999年4月30日于燕北园

（林光明《梵字悉昙入门》，台北嘉丰出版社，1999）

《梵汉大辞典》序

　　梵语是印度的古语言。在印度以外的地方，作为一种外语，学习梵语和梵文，中国人即使不能说就一定是最早，肯定也是最早的之一。如果就持续的时间和规模而言，在世界历史上，则一定是最长和最大。何以言之？汉译佛经便是证明。现存汉译的佛经，数量浩瀚，绝大部分译自印度梵文的原典，这其中还不包括历史上曾经译出、后来却又佚失的那一部分。后者也不在少数。

　　佛教产生于印度。同样的情形，在印度之外，佛教获得成功，发生重大影响的地方，中国是其中之一。中国的佛教徒、学者，只要是对佛教有兴趣的人，钻研佛典，诵读佛经，便会与梵语和梵文发生某种来往。此又何以言之？佛菩萨的尊号、佛经中的种种名词术语、真言咒语、陀罗尼，如果追根溯源，最早的出处，大多来自梵语。

因此，可以简单地总结为一句话：梵语与印度文化和最初来自印度的佛教，密不可分；要了解印度和印度文化，不可没有一点梵语和梵文的知识；要了解佛教，更不可不了解梵语和梵文。这点知识，可以多，可以少，多比少好，但不能一点没有。没有，读印度的经典包括佛经，即使是已经翻译成了汉语，就不免或多或少会有隔膜之感。但如果有，则助益不少。用佛教的话来说，就会"智慧增长"，称作"增上慧"。对于想认真研究印度古代文化和印度佛教的人来讲，梵语知识简直可以说不可或缺。

梵语是语言。学习语言，需要工具书。现代的语言工具书中，最重要最基础的，无过于辞典。双语的梵语辞典，近一百多年来，在印度之外的地方，已经出版有多种。举例言之，部头最大、解释最详细、最有名的、有德国学者Otto Nikolaus von Böhtlingk 与Rudolf von Roth合编，由帝俄时代的俄国科学院出版的*Sanskrit-Wörterbuch*，即一般人称作的《圣彼得堡梵语大辞典》（*Petersburger Wörterbuch*）；部头中等、使用比较方便的，有英国学者Monier-Williams编成的*A Sanskrit-English Dictionary*。此外，用其他语文如法文、日文、俄文编成的双语的梵语辞典也有不少。至于印度学者，除了古代的梵语辞典外，近代以来也编有多种梵语辞典。最常见的，大概应该算是Vaman Sivaram Apte编的*The Practical Sanskrit-English Dictionary*。一百多年来，在世界各国的大学和研究所里，这几种梵语辞典都已经成为了必备的工具书。

如果联系到佛教，梵语方面的辞典，则有美国学者Franklin Egerton编成的*Buddhist Hybrid Sanskrit Grammar and Dictionary*。日本学者重视佛教研究，编成的与佛教有关的梵语辞典，更要多一两种。早一些的，有荻原云来的《梵和大辞典》，几年前又出版有平川彰的《佛教汉梵大辞典》。

总之，与梵语有关的辞典，西方与东方，林林总总，已经有了许多。但遗憾的是，中国人学习梵语和梵文，虽然有最悠久的传统，又翻译了这么多的佛经，却至今没有一部自己编的，现代意义上的辞典。这其中固然有各种原因，但毕竟不能让人满意。这样的遗憾，现在可以部分地得到弥补，那就是台湾的林光明先生将要出版他新近编成的《梵汉大辞典》。

数年前有缘认识光明先生，知道他多年来倾心研究与中国有关的梵文佛经，尤其是其中悉昙和咒语一类的经典。他近年来著述宏富，我知道的，就有《金刚经译本集成》《阿弥陀经译本集成》《往生咒研究》《大悲咒研究》《悉昙梵字入门》《梵藏心经自学》《兰札体梵字入门》等多种著作。他新近出版的《新编大藏全咒》，全套十八册，更是皇皇巨著，使人叹为观止。

但光明先生使人惊奇的还不止于此。光明先生的"本业"其实不是研究佛教，也不是研究梵语佛经或者编撰《梵汉辞典》。在后者的范围内，我曾经开玩笑地称他是"票友"。但他这位"票友"，做事情做研究却比我们这个圈子里好些"专业人士"更努力、更认真、更有成就。他来北京，我们每次见面，他不是送给我他新出的著作，就是告诉我他正在写或编什么书，其中有些什么内容，进度如何。我听了每次都很钦佩，同时往往还得到启发和教益。我还诧异，他的本业工作，我知道也并不轻松，如何还能抽出时间，完成这么多的事？唯一的答案，就是他真是太努力、太认真，为此，他比常人付出了多出许多倍的精力，当然其中还包括在世界各地收集资料而投入的财力。光明先生告诉我，他这样做，不为什么，就是因为这是他喜欢做的事。人一生，如果能不计功利，倾自己的心力去做成几件自己喜欢的事，实在并不容易。光明先生是这样做的。这使我对他更生敬意。在我看来，光明先生简直是一位奇人。

唐代的高僧义净法师，在玄奘之后四十年，去印度求法，二十余年后回到中国，翻译出不少佛经。义净法师翻译之余，曾编出一部《梵语千字文》，开首说道："为欲向西国人作学语样。仍各注中梵音下题汉字。其无字者，以音正之。并是当途要字。但学得此，则余语皆通，不同旧千字文。若兼悉昙章读梵本，一两年间即堪翻译矣。"

这里说"一两年间即堪翻译"，是不是一定能办到，我有些担心。但我的理解，义净法师编《梵语千字文》，同时说这些话，鼓励一般人学习梵语，其中自有他的一番苦心。义净法师在唐代与玄奘法师齐名，既是舍身求法的高僧，又是翻译佛经的大师。前面说了，学习梵语和梵文，一千多年前，在中国就有了传统，只是宋代以后渐归消歇。现在光明先生继踵前贤，鼓动有心研究印度或是研究佛教的人学习梵语梵文。他自己身体力行，编出了辞典。此事既有无量功德，光明先生又于我为善知识，渺予小子，岂能不踊跃欢欣，随喜赞叹，并述浅见如上，权作光明先生的书序。不知光明先生以为当否？

2004年6月23日于北京大学燕北园

（林光明《梵汉大辞典》，台北嘉丰出版社，
2005）

《汉梵佛教语大辞典》《梵汉佛教语大辞典》序

　　编纂辞典或辞典性质的工具书,在中国可以说早有传统。先秦时代的《尔雅》汉代的《释名》《方言》以及《通俗文》,以词语名物作为解释的对象,都可以看成是中国最早的辞典。至于《说文解字》,虽然体例上分列汉字,以字为义项,进行解释,其实也与辞书的性质一样。这几种书,两千多年来,已经成为中国的经典。在此前后,其他类似于辞典的书,当然还有一些,例如《尚书音》《尔雅音》之类,但总数不算很多。这样的情形,在佛教传入中国以后,才有了明显的变化。

　　佛教讲佛、法、僧三宝,其中的法宝,主要以佛教的经典为依据。从梵语或其他语言翻译出来的佛经,就成为中国人了解和理解释迦牟尼教言的最重要的途径。我们可以这样说,如果没有当年翻译的佛经,就不会有今天中国见到的佛教。但是，汉译的佛经，从本质上讲，属于外来的经典，佛经中的名相、名物、人名、地名、义理、法数，许许多多的词语，对于中国人来说，并非一下子可以理解。古代的一些高僧大德，为了配合佛经的翻译和阅读，就开始编纂佛教方面的辞典，于是出现一批"音义"类的著作，最初称为《音解》《翻梵言》《翻梵语》《翻外国语》，后来汇集在一起，称作《一切经音义》。这些书，实际上都是阅读佛经时需要参考的专用辞典。稍晚一些，作为辞典和工具书，又有《翻译名义集》和以藏文译语为主的《翻译名义大集》。更晚一些，还有《三藏法数》一类的著作。当然，佛教只是中国文化的一部分，佛教以外，中国人编的辞典、字典，到这个时候，也有了不少。

在近代以前，中国人就有这么一批数量的辞典，这在世界历史上并不多见。这中间，因为佛教，或者说佛教学者们做出了很大的贡献。这一点，恐怕没有人能够否认。

但是情况还不仅仅如此，与其他一般的辞典不同，中国古代与佛教相关的辞典，还有一个特点，那就是，词条的内容很多涉及到印度语言，其中主要是梵语，于是释义中往往都以各种形式列出梵语的原文。如果我们把这看成是最早的双语辞典，也不能说完全没有理由。而且，除了上面提到的几种著作，唐代僧人编成的《梵语千字文》《唐梵文字》《梵语杂名》以及《唐梵两语双对集》，在性质上也接近于此，只是体例简单，仅仅是梵汉双语的对照，没有更多的释义。

中国古代有这么一些双语性质的辞典，在世界历史上，大概也不多见。这同样也是佛教和佛教学者们的贡献。这一点，恐怕也没有人能够否认。

到了近代，佛教研究的情势有了重大的变化。西方18、19世纪发展出来的东方学研究，印度研究是其中重要的一部分，梵语和佛教的研究也包括在其中。西方学者的工作，使我们对于印度历史和语言方面的情形有了比此前多得多并且实在的了解。影响所及，佛教的研究有了新的局面。欧洲学者编纂佛教辞典的一个特点是，不管词条是英语或是其他语言，只要可能，都要列出相应的梵语，当然，使用的是现代的拼写法。举例而言，英国学者W. E. Soothill和L. Hodous 1937年出版的*A Dictionary of Chinese Buddhist Terms*，副标题就是*With Sanskrit and English Equivalents and a Sanskrit-Pali Index*。这部辞典，一段时间里为学者尤其是欧美的学者提供了相当的便利。

近代学术的发展，在亚洲国家中，日本学者往往得其先声。日本的佛教研究，在明治以后进入了现代学术的序列，直追欧洲，很快就取得了极大的成绩。成绩之一，就是编纂出了一批佛教辞典。早期可以举出的，有织田得能的《佛教大辞典》。至于望月信亨的《佛教大辞典》，煌煌十册，至今也没完全过时。近二十多年间，则有中村元主持编纂的《佛教语大辞典》和《广说佛教语大辞典》。它们都是学者们常用的参考书。其他与佛教相关的辞典，林林总总，还有许多，无法一一列举。

这些辞典，对佛教研究的贡献，当然都很有用，但它们还不算是典型的双语辞典。完全以梵汉、汉梵语词作为义项的双语辞典，虽然数量少一些，但同样的重要。这方面可以列举的，早些时候有荻原云来的《汉译对照梵和大辞典》，十多年前有平川彰的《佛教汉梵大辞典》。有的辞典，还增加了藏语，例如广泽隆之和横山纮一合编的梵藏汉和藏梵汉对照的《佛教语辞典》，只是收词范围仅以《瑜伽师地论》为限。

中国近代的学术，与中国的现代化一样，过程曲折。尽管如此，在佛教辞典的编纂方面，近代的中国学者也不是完全没有成绩。这方面丁福保的《佛学大辞典》可以作为例子。丁福保的书，虽然很多地方确实借鉴了日本学者已有的成果，但书能够以汉语编成，在我看来，无疑是丁福保先生的贡献。书出版以后，几十年间，大大地便利中国国内的学者。实际上，任何人，编任何辞典，没有说不参考已有的相关辞典的，不同之处只是参考的地方多一点还是少一点。丁福保的《佛学大辞典》，到今天为止，也还有一定的用处，没有完全过时，在中国大陆，不时还在重印，便是证明。中国大陆，也只是在上个世纪八十年代以后才开始有了新编成的与佛教相关的辞典。当然，这些新的辞典，增加了新的内容，体现了大陆学术的进步，成就是显著的。

说到这种学术上的进步，在台湾实际上开始得更早。近几十年间，台湾的佛教团体和学者，编纂了更多的佛教辞典。大陆目前最熟悉的《佛光大辞典》，就是由佛光山的星云法师主持，在台湾编成出版，而后在大陆重印。《佛光大辞典》——当然也包括其他在台湾出版的佛教工具书——不仅方便了台湾研究佛教的学者，大陆的学者也同样获益。

但台湾朋友所做的工作还不仅限于此。台湾的林光明先生，几年前完成了《梵汉大辞典》，现在更上层楼，又编成《汉梵佛教语大辞典》与《梵汉佛教语大辞典》，煌煌两巨册，如此的成就，不能不让人称赞。

我认识光明先生，已经有十多年，他编纂这两部辞典的事，此前他也告诉过我。我知道，他多年来倾心研究与中国有关的梵文佛经，最早是其中悉昙和咒语一类的经典，后来延伸到更多的方面。十几年间，他倾其心力，撰写或编纂了多种著作，涉及梵汉藏佛教的研究，对相关的研究提供了有价值的新资料和新工具。光明先生不是专职的教授或学者，个人没有任何头衔，但多年来却凭借自己的信仰和追求，倾尽个人的精力和财力，在佛教和梵语研究方面做了这么多的事。仅此一点，就让我非常佩服。

光明先生通解多种外语，他的书，注意吸收中国以外的学者，尤其是日本学者已有的研究成果。他过去出版的著作，几乎都是如此。当今之世，学术为天下公器，早已成为学术界共同的事业，学术没有交流，就没有进步和发展。新编成的《汉梵佛教语大辞典》与《梵汉佛教语大辞典》也不例外。光明先生的书，在利用此前已有的梵汉及汉梵辞典以及工具书资料的基础上，增加新的材料，同时以汉文佛教词语和梵文佛教词语作为义项，做了新的编排，其间浩繁的工作和曾经有过的困难，他虽然没有告诉我，但实在可以想象。学术之事，承袭者易，开创者难。光明先生的工作，不能说完全是创新，但肯定地说，是一个新的成就。回顾佛教在中国两千多年的历史，在佛教研究的圈子和学术界里，在中国的辞典编纂史上，以个人之力同时编成并出版这样一部《汉梵佛教语大辞典》再加上一部《梵汉佛教语大辞典》，以前有过吗？无论如何，这是第一次。

在我看来，这就是林光明先生对佛教学术的一大新贡献。

我因此乐为之序。

2011年8月22日于北京大学燕北园

（林光明《梵汉佛教语大辞典》《汉梵佛教语大辞典》，台北嘉丰出版社，2011）

《梵汉大辞典》《汉梵大辞典》序

　　认识林光明先生,算来已经有十多年。十多年间,我们见面的机会并不太多,大概几年会有一次。每次见面,光明先生都会告诉我他正在做的事,先是编写有关悉昙和佛教咒语的书,最近几年主要是在编辞典。光明先生编的辞典,都与梵语以及佛教有关,已经完成的,有2005年出版的《梵汉大辞典》,再有2011年出版的《梵汉佛教语大辞典》与《汉梵佛教语大辞典》。后者可以说是两部书,但也可以说是分作两部分的一套书。不久前,光明先生又写信来,说他重新又编了一部《梵汉大辞典》,同时还有一部《汉梵大辞典》,两部书都接近完成,很快就要付印。他希望我一定为他的这两部新书写几句话。作为朋友,他做的事,我一直认为很有意义,但这十多年间,他能做这么多的事,取得这样多的成果,坦率地说,则是我最早时没有想到的。

编辞典是一个苦活,具体怎么苦,我没有体会,但能够设想到。二十多年前,我为与自己有关的几种书编过索引。那时编索引是手工作业,过程简单,要求的仅仅只是细心,但一条条地选词,一条条地抄写和查对,一天下来,总感到费力和繁琐。编索引与编辞典相比,复杂的程度和工作的量其实不可同日而语,仅仅只是想到这一点,我就不能不对光明先生的努力和毅力表示佩服。

上面提到的光明先生编撰的两种辞典,在出版的时候,我也曾应他的邀请,分别写过一些话。在那些话里,我曾经表达过我的一些意见,内容主要是:一,佛教来自印度,梵语是印度的古语言,佛教因此与梵语有密切的关系,要了解佛教,应该有一点梵语和梵文的知识。如果对梵语和梵文有所了解,读佛经,理解佛经中的词句,会获得"增上慧"的帮助。而要学习梵语,就离不开梵语辞典。二,佛教在中国,有很大的影响,不仅古代是这样,至今还是这样。历史上的高僧大德,为了学习梵语和佛经,编纂过各种类型的工具书包括辞典,可是近代以来,尽管在印度、德国、英国、法国、俄罗斯、日本,各类与梵语相关的辞典林林总总,但是以汉语为对应语言、中国人编出来的梵汉和汉梵辞典却一直还没有，如果说有，则从光明先生的《梵汉大辞典》开始。对于学习和研究梵语和佛教而言，这无论如何是一大贡献。

我虽然说了这样一些话，但我也知道，对于目前是否需要中国人自己编出的梵汉也包括汉梵辞典，其实有不同的意见。觉得没有必要的人，认为有了以英语或者其他西方语言，还有日语作为对应语言的梵语辞典，也就够了。因为这一类的辞典已经有了不少，其中一些水平确实也比较高，如果编，在整体的篇幅、覆盖的词语范围、周密的程度几个方面，很难超过已经有的那些高水平的辞典。当然，认为有必要的人，也有不少。道理很简单，那就是，中国人学习和研究梵语和佛教，既然有过最早最长的一段历史，今天最好也要有以汉语作为对应语言的辞典，也就是梵汉以及汉梵对照的辞典，这样的辞典应该有却还没有。

在我自己，最早也曾经有过上面说的第一种想法，但后来则有所改变。我最初在大学学习，后来在大学里教书和做研究，教授的课程与研究的题目，很多与梵语有关，使用和参考的梵语辞典和语法书、工具书，主要是以英语做解释，有时也包括用德语或日语做解释的工具书。我的同事和我们专业的学生，也大多如此。但是在所谓的梵语专业人士之外，一些对研究佛教有多少不等兴趣的朋友，常常问我，如果不认识印度的字母（悉昙体同时也包括现在最通用的天城体），怎么能够查阅到某一个或一组梵文词。对他们来说，字体就是第一个门坎。问到这样的问题，我一般都会推荐他们去查阅荻原云来编的《梵和大辞典》，因为《梵和大辞典》中的梵文词，就是以拉丁体字母印刷的。但是，《梵和大辞典》仍然有所不便：第一，它是以日语作为对应语，用日语编成，即便其中作为参考项，收入了不少古代汉语的译语，但如果不懂日语，仍然还是很难做清楚的了解，也不会明白其中对每条词语所做的解释。第二，《梵和大辞典》编成较早，收词的范围以及释义其实还是有一定的局限性。第三，《梵和大辞典》与其他几乎所有的梵语辞典一样，所有的语词，都按照传统的梵语字母表的次序排列。不了解这个次序的人，要想找到某个词语的位置，往往也会费一番周折。因此，我后来就渐渐地有了另一种感觉，我以为，在中国，还是应该有一部能够方便一般的、非梵语专业的人士使用的梵语辞典，有了这样的辞典，就能够帮助提出上面那样的问题的朋友。当然，这样的辞典，用处也不会仅限于此，对于专业人士，一样可以做参考。

光明先生现在做的，就是这件事。十年前他编出了第一部《梵汉大辞典》，当时他以荻原云来编的《梵和大辞典》作为基础，以翻译为主，重新编排语词的次序，书由嘉丰出版社印行，印出的书上下两大册，1600页。但我知道，还是在那个时候，他就有心再进一步，编一部更新的《梵汉大辞典》。这部新的《梵汉大辞典》，书名虽然跟过去一样，但篇幅更大。与之相配合，同时还要编一部《汉梵大辞典》。现在这两部新的辞典——当然仍然也可以说是分作两个部分的一套辞典——的编撰工作全部告竣，即将由震曜出版社印行。第一部《梵汉大辞典》所收的词语，约有十几万条，新的这部《梵汉大辞典》则增加一倍有余，扩展到约四十万条，印出来有3000多页。而与之相应的《汉梵大辞典》也是同样的篇幅。十数年的辛苦，终于成就今日的善果，这让我不能不为他高兴。

　　在中国，这样的善因与善果，其实一千多年前就有榜样。唐代赴印求法，回国后又翻译了许多佛经的高僧义净法师，一方面译经讲学，一方面也尝试向中国人介绍梵语，鼓励中国人学习梵语，为此而编撰过像《梵语千字文》这样的学习工具书。光明先生继踵前贤，奋力而为，前后编成的这两部《梵汉大辞典》和一部《汉梵大辞典》，参考利用此前已有的各类汉梵辞典、各种工具书以及收集的数据，在义项和释义上做了新的编排和调整，增补了内容。这样的举动，用佛经中的话讲，"是为大功德"。我相信，不管是大陆还是台湾的善知识，如果同意我的看法，也都会因此欢喜赞叹。

学术之事，承袭者易，开创者难，锲而不舍更难。光明先生曾经告诉过我，他编这几部辞典，对他来说，其实是不可为的事，但他反复思量，最后还是下了决心，知其不可为而为，把这事做了下去。这不是他的本业，他不在大学或者学院，也不供职于任何学术机关，因此没有机构可以作为依托，更没有公共资源可以作为支持，十数年来，锲而不舍，以个人之力，倾尽个人的资产，奋力前行，无怨无悔，不求回报。在我看来，这样的举动实在值得钦佩。

在我以前为光明先生的书写过的序中，我曾经说过，当今之世，学术为天下公器。所谓"公器"，就是既为大家所有，又为大家所用。学术可以一方面是学术界专有的事业，另一方面也应该得到更多的人的关注，有兴趣的人在有条件时也都可以参与。光明先生的几部辞典，正是这样的公器，它们既可供专家参考，又能为普及提供途径和方便。由此而言，光明先生的贡献大矣哉！

光明先生新的《梵汉大辞典》与《汉梵大辞典》出版在即，我愿意以上面的话，表示我衷心的祝贺和深深的敬意。

　　　　　　　　　2013年5月2日于北京大学燕北园

《印度梵文医典〈医理精华〉研究》序

　　比较仔细地读陈明的论文，已经是三年前的事了。那时陈明是北京大学东方学系的博士研究生，经过三年的学习和研究（其实不止三年，他从念硕士生开始，就花了很多，也许是大部分的时间在我们专业听课），完成了学位论文的写作，我作为他的指导教师，需要对整个论文的内容提出意见，同时还要写出评语。他的论文，虽然在最初选题时费了点周折，内容上前后也修改过几次，但总的说来，写得还算是比较顺利。对他最后完成的论文，我当时的印象不错。我们专业，十分冷僻，多年没有本科生，硕士生有几个，不多，博士生则更少，平均算来，大约两三年才有一个毕业的。选择这样的题目做论文，一般人看来，不仅冷，也许还怪。以陈明最早的学术背景与基础，论文最后能做成这样，很让人高兴。坦白地说，多少有些超出了我原先的估计。依我的看法，他在北大几年的学习和研究中，锲而不舍，细心，同时舍得真正下工夫，而不取巧，是他能写好论文最主要的原因。这样的态度，也为他后来做其他的研究开了个好头。

对陈明的论文的意见，最基本的，我已经写在了评语里。我在评语中讲：

> 传统医药及医药史的研究，近年越来越受到人们的注意。中国和印度同为文明古国，很早就发展出各自的医药治疗的实践和理论，内容丰富，传统悠久。中印之间又有两千年以上文化交流的历史，在医药方面也有很多交流的证据。陈明的论文《印度梵文医典〈医理精华〉研究》选择了一个在该领域内非常有创新意义的题目，并做了大量翻译和实证性的研究工作，在此基础上从医药文化交流的角度，兼及宗教、语言、文献诸方面的问题，提出自己的研究结论，由此说明中外文化交流对不同国家、不同民族的物质及精神文明的发展与进步所具有的重要意义。论文的贡献和价值具体体现在：

> 一，首次将印度的梵文医典《医理精华》译为汉文，因此为各方面有关的研究奠定了一个重要的基础。

从语言和内容上讲，这部经典翻译的难度和工作量都很大。这尤其体现在对大量专有名词所作的比定、对证和解释上。

二，根据印度、古代中亚和中国几方面的第一手资料，对有关中印医药文化交流的诸多问题做了有条理、有系统的研究，并有新的发现。研究中提出的一些结论既有说服力，也有创新性。研究中整理出的某些资料在今后甚至可能具有一定的开发和应用价值。

三，几个附录对将来进一步的研究工作，例如编纂专门性的梵汉辞典或药典会非常有用。

博士论文的评语，有大致规定的一个格式，评语的行文虽然往往不免有些"套话"或是溢美之词，但我在评语中说的，却都是我真实的意见。时间已经过去三年，这三年里，陈明在他论文的基础上，陆续正式发表过一些文章，现在回过头去看，他的这些研究成果，大部分还能得到承认，这或许也算是在一个更大范围内对他论文的一种评价。

但这些话这里似乎也不用再多谈。从陈明的论文出发，这里只想谈两点评语以外的意见：一是怎样拓宽中印文化关系史研究的范围，二是研究的方法和路径问题。

　　研究中印文化交流以及与中印文化交流有关的题目，最近几年有兴趣的人似乎在增加。这当然是好事。有关的文章乃至专著逐渐地多了起来。这些文章和专著，讨论的题目多数与佛教有关。这不奇怪。在中印两国两千年文化交流的历史上，佛教确实是最大的一桩因缘，许多故事都围绕佛教而展开。但是，中印文化交流的范围远不限于佛教。佛教是印度文化的一部分，但仅仅只是一部分。印度和中国，历史同样的悠久，文化同样的丰富，中印之间在精神文化和物质文化两个方面的接触和交流，佛教之外，还有许多内容。陈明论文所研究的，即是一个例子。《医理精华》是印度古代的医书，用梵文写成，可是它传出了印度，先后被译为藏语、和阗语、回鹘语以及阿拉伯语四种文本，对古代使用这些语言的地区的医学产生过影响。藏语、和阗语、回鹘语都是中国的民族语言。这几种文本，虽然是残本，却都发现在中国，尤其是和阗语的残本，出自以汉族居民为主的敦煌的藏经洞。这其实不是一件偶然的事。知道这一点，实在有重要的意义。因此，虽然《医理精华》没有古代汉文的译本，但如果说它代表的印度医药的知识，首先在"胡地"流传，然后再直接或间接地传到或影响到"汉地",则恐怕是无法否认的事。具体的细节,陈明论文中就有讨论。唐代的玄奘,在《大唐西域记》里总括当时印度的学问,讲到"五明大论":第一声明,第二工巧明,第三医方明,第四因明,第五内明。佛教属于"内明"的一部分。依这样的标准,我们国内的研究,一直以研究"内明"中的佛教为最多,"因明"有一点却不多,其他三"明"则很少或往往是空白。对那些佛教以外的研究题目,我们实际上应该有更多、更广泛一些的关注。陈明的研究,属于"医方明",从某种意义上讲,可以说就是向这个方向的一个努力,研究的成果也填补了一处空白。好在前面讲到的现象目前正有所改变。例如对印度"声明"的研究,不久前国内有新书出版。对印度古代天文学与中国古代天文历法的关系,过去已经有过一些研究,现在也有人正在做进一步的研究。但印度文化和中印文化交流中有许多问题,范围既广,研究难度又大,显然还需要进一步拓宽拓深,否则很难真正有新的突破和发展。

从陈明的论文,我想到的,这是第一点。

我想到的第二点,是研究的方法和路径问题。陈明的论文,除了选题上有自己的特点外,另一个特点是他把研究的重心放在实证性的翻译、对比、考释上，所有研究意见的提出，都建立在前者的基础上。除了翻译，论文用了相当的篇幅对文本的来历、流传和现在的研究状况做介绍或考察，对一些问题进行考证，同时又花了大量的工夫对专有名词进行比定、对证和解释。就范围而言，可以说与文献、语言、训诂、名物、历史、考古、宗教等都有程度不等的关联，方法则一以贯之，曰考证、曰比对、曰释义，最后才得出结论。在我看来，这样的研究，虽然往往被人讥为琐碎，以为是饾饤之学，但其实比时下的许多空论要强，因为这样得到的结论比较可靠，而且有用。微言大义也好，宏论谠言也好，其实都需要先有文献，常常还包括语言、考古等多方面证据的支持才能成立。清代有学者讲"训诂明则义理明"，这话从某种意义上讲不无道理。

说到有用，我想再补充一点，我在"评语"中提到了陈明论文中的几个附录，因为我以为，在中印文化研究的范围内，我们今后实在应该在经过认真研究后，编出一些专门的辞典或工具书。这类辞典或工具书，既是一个阶段性的研究成果，也是进一步做研究的基础。一部佛教的《法华经》，日本学者就编出了好些种不同类型、不同用途的辞典、索引、集成，就是一个例子。陈明的论文已经有一些基础，但更多的工作还有待将来。

　　给朋友的书写序往往是件难事，给自己学生的书写序似乎更难。陈明的论文现在经过修改，要印成书了。这书无利可图，不用包装，也没有人会来包装，既不是"荣誉出品"，也不用"隆重推出"。它只对有兴趣者有趣，对有用者有用，但我相信，它对相关的学术研究会是一个贡献。书出版之前，陈明要我写几句话，这对我似乎有些义不容辞。但我以上的意见，不一定所有的人都会同意，质之同行与朋友，或可得到批评和指教。

2002年7月24日

　　（陈明《印度梵文医典〈医理精华〉研究》，中华书局，2002）

《殊方异药：出土文书与西域医学》序

　　传统医药史、医药文化与医药社会史的研究，近年来受到愈来愈多的关注。两年前，陈明出版了《印度梵文医典〈医理精华〉研究》，现在又将要出版他的另一部新著《殊方异药：出土文书与西域医学》，这是件令人高兴的事。如果说，前一部书是陈明根据他在北京大学完成的博士论文修改而成，因此研究和讨论的主要还集中在一部医典或一个专题的范围之内，新的这部书，则把讨论问题的范围加以扩大，一定意义上也可以说是加以深化，使对问题的认识和理解有了更多的意义。从做学术研究的角度讲，这既是"顺理成章"，也是"更上层楼"。一个人，不管是做事或是做研究，应该不断地有新的发展，新的进步。发展不能无所依托，陈明的两部书，互相映对，正好表现出这样的特点。

不过，不管是"顺理成章"，还是"更上层楼"，在我看来，研究一个或一个方面的问题，首要的一条，仍然是需要对材料尤其是比较新的材料有充分的掌握。就这方面而言，陈明的这部书，以"出土文书"为题，所使用和利用的材料，大多是近百余年来在中亚地区尤其是中国新疆境内也包括敦煌地区通过考古所发现的各种语言、各种类型的有关古代医药的文献。正是因为有这些新发现的文书，同时还有百余年来各国学者对这些文献进行整理和研究的成果作为基础，陈明的书才有了比较丰富的内容。陈明自己，又通过对这些材料的整理和分析，试图把古代的医药史与文化交流史结合起来，重现出古代社会生活中这一方面的景象。与他出版的第一部书一样，他的这部新书，在研究上仍然保持了实证为主的特点。这一点，我觉得很重要。因为依我的看法，注重实证，不说或尽量少说空话，应该是我们做这类研究的"不二法门"。这样的说法，未必所有的人都会同意。但不管人们对此会有怎样的评价或看法，做研究，写一部书，即便只是收集和整理材料，只要有材料，只要材料真实可靠，我以为多少就会有一些——恕我套用现在被人讲得有些滥了的一句话——"永久的价值"。

在陈明出版他的第一部书时，我也写过一篇短序，我在那篇序里说："印度文化和中印文化交流中有许多问题，范围既广，研究难度又大，显然还需要进一步拓宽拓深，否则很难真正有新的突破和发展。"写那篇序时，一方面我是希望有更多的朋友，从不同的角度来关心这方面的研究。不止是医药史，不止是"五明"中的"医方明"，而把其他的学科，另外的四个"明"，以及相关的各种问题，也逐渐地包括进来。另一方面，则是想到，与古代中印文化交流有关的许多东西，不仅仅只与印度和中国有关，其实也与古代与中国相邻的其他一些国家的文化有关，其中波斯是一个突出的例子。从陈明的书中，我们就可以看到不少这样的事例。在古代的西域，沿着今天讲的"丝绸之路"，有不同国家，还有不同民族，也有不同文化，但共同的一点是，他们经济和文化的发展相互影响、相互交织，以致最后的结果是你中有我，我中有你，很难说什么东西就纯粹是印度的，或者纯粹是中国的，或者纯粹是波斯的。在今天看来，对西域古代文明和文化的发展，丝绸之路上所有的国家和所有的民族都做出过自己的贡献。认真而充分地理解这一点，对我们今天国家之间、民族之间的和平共处，其实很有意义。

陈明的这部书,特别注意讨论古代医药与社会生活的关系。我同意陈明在书中讲到的意见:"医学既是探索不同国家、地区和民族之间文化交流的重要指标,还能够反映当时的社会大众的一些普遍心态。解读与研究这些出土医学文书的语言及其医药方,不仅有助于不断地解明该语言文化在西域的历史面貌,增进对中外医学文化关系史的认识,而且对建构西域社会生活史也是很有助益的。"国内过去几十年来的社会史研究中,经济一直是重点,现在越来越多的研究者注意到各个方面的问题,医药在社会生活中的作用是其中之一。人的社会生活,涉及方方面面,内容丰富多彩。不仅医学,其他方面也一样地有许多问题值得探讨。对古代社会生活史,也包括古代的文献或"出土文书"的研究,如果我们视野更宽阔一些,角度更新一些,相信就会取得更多、更具意义的成果。

陈明现在北京大学工作,但身份已经与过去不一样,是我的同事。他在工作和做研究上很努力。这也是使我高兴的一点。二十多年以前,我也是刚研究生毕业,留在研究所工作,最初的工作任务之一,是协助季羡林先生整理

《大唐西域记校注》。参加这个工作的，有当时北大历史系的张广达先生。张先生在北大是我尊敬并佩服的学者之一。工作中我有时有问题需要向张先生请教或跟张先生商议，其间我们也有机会做一些闲谈。学术的东西不讲了，我记忆中印象最深的，是一次张先生跟我讲："一个人，如果真打算做学问，应该争取三年一小成，五年一中成，十年一大成。"张先生的这个"三成"的说法，是否另有出处，我不知道，但当时的确给我留下了很深的印象。我那时已经不是很年轻。对于我们这种"文革"以后才有机会进大学念书、刚开始尝试做研究的人来说，张先生的话，实在是一种很大的鼓励。可惜的只是，如今二十多年过去，回过头看，"小成"或许可以说有一点，但谈不上"中成"，"大成"则已经是不可能的了。即便是这样，我至今仍然感念张先生当时对我的勉励之言。张先生的经历，十分坎坷，但他的学识和对学术的追求，我一直很钦佩。我说的这些，与陈明的书的内容没有直接的关系，不过是一时想到。这些年来，看到陈明在学术上不断地有所进步和成绩，使人高兴。希望他不满足于现在的"小成"，争取"中成"，存将来的目标于"大成"。在这个意义上，张广达先生的话，我们可以共勉。

2004年12月31日于重庆

（陈明《殊方异药：出土文书与西域医学》，北京
大学出版社，2005）

《中古医疗与外来文化》序

　　陈明的新书即将付梓,付梓之前,陈明希望我为他的书写几句话,这事跟我讲过好一阵了,我一直踌躇,我能说什么话呢? 对于陈明这些年来在研究方面做的事,我不能说不了解,但了解归了解,真正要做出合适的评论,却不是简单的一两句话能够说清楚的。

　　陈明是很勤奋的人,此前他已经出过三本书:第一本是2002年出版《印度梵文医典〈医理精华〉研究》,也是他当年的博士论文;第二本是2005年在台湾出版的《敦煌出土胡语医典〈耆婆书〉研究 》;第三本也在2005年出版,题目是《殊方异药:出土文书与西域医学》。其中的第一和第三本书,我也曾应他的要求,写过序。现在的这本书,已经是第四本。前后的四本书,围绕的都是一个大的主题,都是从文化交流的角度,具体落实到与医药或与医药相关的问题，来讨论古代中印，进而扩大到中外文化交流，也包括不同社会与族群互动的历史。一位还算是年轻的学者，在这样的一个在国内并不很引人注意、也完全说不上热闹的研究领域里，十多年的时间，能有这样的成绩，作为朋友和同事，我很为他高兴。对这些研究，我的一点儿意见和建议，在我为他书写的那两篇序里，大多已经做了表达，不必重复。我想谈的是其他方面的一点想法，那就是，一个人，从读研究生开始，如果有意愿也有机会做学术研究，路可能会怎样走下去。

我为什么会提到这个问题呢？是因为我忽然想起，陈明当时读博士生，确定论文的题目，最后是怎么选择印度的梵文医典和中印医药文化交流的历史作为研究对象的。这样的一个研究题目，其实开始时没有想到。记得当时他跟其他大多数博士生一样，最初并没有一个一定的题目。只是入学以后，在一段时间里，我们商量论文的选题（这中间曾有反复的考虑），最后一次，他提出了他研究同时翻译印度古代有名的梵文医典《医理精华》的设想。我想了一下，觉得这个题目不仅可行，而且有意义。我为什么会这么想，则是因为十多年前，我做我的博士论文时，为了了解唐代的义净在《南海寄归内法传》中讲到的印度医学知识,曾经很用心地读过一些相关的资料。我知道,这个问题,过去已经有人讨论,讨论的人包括研究中国医药史、佛教史和中印文化关系史的学者(其中有汤用彤先生),可是已有的讨论大多局限于汉文的材料,大家对更为重要的印度方面的材料知道得都不多,使用得更少。我因此鼓励陈明做下去。他很努力,博士论文做得很好。博士毕业以后,他没有止步,其后便是一篇一篇论文的发表和一本一本书的问世。在我看来,这样一个最初显得相当冷门的题目,陈明做通了,也做活了,用一句稍显夸张的话来说,到后来真有点左右逢源、八面来风一发而不可收拾的景象。陈明在这个题目上,到现在能有这么多的成果,我当初没想到。

与陈明的情形也有些相似的,还有我们专业的另一位博士生。那位博士生的论文是研究公元6世纪时印度佛教一位著名的律学大师德光的梵文著作《律经》。他的论文选题,也跟义净的《南海寄归内法传》有关,因为在所有汉文的佛教著作中,提到德光的,只有玄奘和义净,义净不仅提到名字,还直接讲到了《律经》。对此,我在做博士论文时也做过一点初步的考证,一度还曾经想做一点更多的研究工作。我因此建议他研究《律经》。他接受了我的建议。他的论文，最后也做得非常好，不仅涉及梵学，也涉及藏学。这位博士生毕业到现在，已经过去了五年多，他毕业后所做的研究，内容与形式仍然与博士论文相似或相关。他也有不少的成果，发表的论文和出版的中英文专著有好几种，虽然在国内了解的人不多，但在国际上不大但很专业的一个学术圈子里，受到普遍的称赞。而且，不仅他（他的名字叫罗鸿），我们专业其他的博士生也做相似的研究，大多也有很好的成绩。

这两位博士生最初研究的选题，其中部分的因缘，都与义净的《南海寄归内法传》有关，现在想来，这似乎有点意思，说明我们做学术研究，从一个题目开始，牵连和发展下来，往往会发现更多的题目，可以做更多的研究工作，一切都看机缘。这使我想到佛教的一首很有名的偈颂，称作"缘起偈"，我最初读到，也是在义净的《南海寄归内法传》中。"缘起偈"中最重要的一句话，是"诸法从缘起"，缘起的说法是所有佛教教义的理论基础。我不知道，这里讲到的事，是不是也是一种因缘，一种缘起呢？

我们这个专业，教师和学生一直很少。三十年来，毕业的博士生，不过十数人而已。但是在我们现在的年轻教员和学生身上，我看到了学术上的进步。这样的局面，与上个世纪七十年代末到八十年代前期，我自己念研究生时的情形，已经有所不同，一切都在发展与进步之中。这使我不由得想起季羡林先生。如果季先生在天有知，知道他当年曾经关心而且倾注过这么多精力的印度梵语、印度佛教、中印文化关系研究今天有这么些新人，应该多么高兴。

　　陈明要我为他的新书写几句话，我上面讲的，与书中的具体内容关联不多，希望他不会认为我文不对题。我从陈明的新书，一时想起这些年来与他及我们专业其他学生有关的一点故事。但我也并不单纯是怀旧，回顾过去，其实是为了将来。在我为陈明的第二本书写的序里，我引了一位比我更年长的学者快三十年前给我讲的话，说一个人，如果真打算做学问，应该争取三年一小成，五年一中成，十年一大成。他当时是鼓励我，我说这话，是为了鼓励陈明。我知道，达到这个目标并不容易。现在看来，陈明，还有我们专业毕业的其他两三位博士生，可以说都已经有了大小不等的成就，说接近"中成"，差得或许不算太远。这些年轻的朋友，是我们学术的新生力量。他们的研究，过去做得不错，今后一定会做得更好。对此我很有信心。

2013年1月14日写于燕北园

（陈明《中古医疗与外来文化》，北京大学出版社，2013）

《印度宗教文化与回鹘民间文学》序

中印文化以及中印文化交流史的研究，近年来成果渐渐地多了起来。这些成果，不仅数量在增加，质量也有所提高。提高的标志之一，是研究和讨论问题的范围比过去扩大了许多。杨富学最近将要出版的新书《印度宗教文化与回鹘民间文学》，就是这方面的一个例子。

过去很长一段时间以来，讲中印文化交流史，实际上大多只是在讲印度与汉地及汉族文化的交流，讲到印度文化与中国少数民族文化交流的，不说是没有，但实在不多。然而今天大家都承认，中国是一个多民族的国家，既然如此，讨论和研究历史上中印文化的交流，不仅应该讲到汉地或者说汉族的文化与印度的关系，也应该包括中国古代少数民族的文化与印度的关系。这本来可以说是题中应有之义，但在过去却被忽视了。被忽视的原因有许多，但不该被忽视，尤其现在更不该被忽视，这其中的道理，不用多说也很明白。

回鹘是古代中国北方的少数民族。从公元6世纪开始，回鹘人先后活跃在古代所称的漠北地区，9世纪以后，他们又大规模地西迁到西域地区。他们是今天中国新疆维吾尔族的前身。在古代回鹘人的西边，更有一些古代的民族和国家，其中最重要的就是印度。在回鹘人的南边和东南边，是汉族的中原王朝。在今天中国的北部和西北地区，回鹘人先后建立过自己的国家和政权，强盛的时候，他们曾经扼中西交通之枢纽，控制了中原地区与西域的来往。今天的维吾尔族，是中国的少数民族之一，因此回鹘的历史也构成了中国古代历史重要的一部分，同时也是中国北方民族以及西域史的一部分。古代的回鹘人，曾经先后信仰过多种不同的宗教，这些宗教，或者来自古代印度，或者来自古代伊朗。同时，他们与以汉族为主的中原地区在政治、经济、文化各个方面有着最密切的联系。同中国古代北方其他的少数民族一样，回鹘的文化既受到中原地区汉民族的影响，也吸取了西方各国的因素，有丰富的内容，也有自己的特点。这方面的情形，了解西域历史的人已经熟知，不用我多说。不过，我的一个感觉是，到目前为止，从某一特定的角度出发，细致、微观的研究似乎仍然还是很不够。

正是从以上两方面的角度考虑，我以为，杨富学的书在选题和内容上有其独到之处。书中讨论的是广义的中印文化交流史的一部分，但的确是很有特点的一部分。中国古代的少数民族很多，文化也很丰富。与汉族一样，他们也是非常善于与外来文化交流，向外来文化学习的。在这一点上，回鹘人当然也不例外。上面讲了，对中印文化交流史的研究，在中国方面，不仅是研究汉地和汉族，也应该包括中国的边疆地区和少数民族。回鹘就是其中之一。杨富学的研究，因此为中印文化交流史的研究增添了一部分新的内容。再从西域文化研究的角度看，这样的研究无疑又加深了我们对作为西域文化一部分的回鹘文化与历史的了解。至于民间文学尤其是其中的少数民族民间文学，从来就是东方文学研究中一个非常有意思的题目。杨富学书中的个别篇章，前年在北京大学东方文学研究中心召开的有关东方民间文学的一次学术会议上发表过，大家的反映不错。原因之一，我想就是因为综合了这几方面的特点。

我不懂回鹘语，实际上也没有做过与回鹘有关的研究。对杨富学的研究，坦白地讲，我了解一些，但有限。不过我对与回鹘有关的东西，却很早就有一些兴趣。上个世纪80年代初，我在北京大学参加研究和整理玄奘的《大唐西域记》的工作。我们的研究，不时要使用和比对玄奘的弟子慧立和彦悰所写的《大慈恩寺三藏法师传》。书中有几个地名和专有名词，只看汉文，意思不清楚。但有意思的是，汉文的《大慈恩寺三藏法师传》写成后没有多久，就被翻译成回鹘文，在当时的回鹘民族中流传。这部回鹘文的《大慈恩寺三藏法师传》，上个世纪初偶然在新疆被重新发现，虽然不完整，但仍然非常重要。我们在考订这些地名时，参考过西方，尤其是俄罗斯学者曾经做过的工作和成果。我知道前苏联研究回鹘文的《大慈恩寺三藏法师传》的学者土古舍娃的名字，就是在这个时候。

再后来，我对回鹘的了解稍多一些，得到的一个感觉是，回鹘的文献与印度文献，回鹘的文学与印度文学之间，其实有很多可以研究的题目。当然，问题不仅限于文献与文学，范围也不仅限于回鹘，古代印度文化的许多东西，宗教，包括佛教，都曾经在西域产生过极大的影响，至今留下各种痕迹。这方面可以发掘的余地其实很大，许多问题等待我们去做研究。

杨富学最初毕业于兰州大学历史系，毕业后到新疆大学学习回鹘文和研究回鹘历史。在新疆大学获得硕士学位后，到了敦煌研究院从事研究工作。我最初知道他，是印度尼赫鲁大学的谭中教授跟我提到他的名字。上世纪九十年代初，谭中教授为敦煌研究院与印度国立英迪拉·甘地艺术研究中心搭桥，在学术上开展合作，内容包括由敦煌研究院派出年轻的研究人员到印度进修。当时敦煌研究院派出了两位年轻人，其中一位就是杨富学。谭中教授对这件事很热心，做了许多工作。这前后我也去过英迪拉·甘地艺术研究中心，不过时间很短，在那里没有见到过他们二位。后来听说，他们主要是在德里大学学习，并且各自学有所成。杨富学最后还是回到敦煌研究院。他好学上进，2002年夏天，他在兰州大学获得博士学位，跟我联系，希望能到北京大学做博士后，我这里那时刚好有这样一个机会。于是从2002年的7月到2004年的6月，前后两年的时间，他把家留在兰州，只身来到北京，在北京大学东方学研究院做博士后研究。在北大期间，他给我的最深的印象是勤奋，整天埋头读书，写自己的东西，有时也参加境内外的一些学术会议，每次都有不错的论文发表。他的研究，主要是他自己在做，我给他的帮助，除了印度方面的东西能够提出一点建议外，其他的并不多。不过，见到他在研究上取得的种种成绩，我总是很高兴。现在他重新修改了他的博士后出站报告，准备正式出版，他写信给我，希望我写几句话。我们在北大共事两年，他的书，在中印文化研究范围之内，其中大部分又与佛教的历史和文献有很密切的关系，这对我都是有兴趣的题目。对他的书，我提出以上的意见，说不上有多少新意，不过借此机会表达自己对相关研究的一些想法。

杨富学在北大的博士后研究结束后，现在又再次回到敦煌研究院工作，以他现在的条件，他的执著和勤奋，我相信，他今后在学术研究上会继续精进，也会有更多的成就与成果。

2005年4月19日

（杨富学《印度宗教文化与回鹘民间文学》，民族出版社，2007）

《净法与佛塔：印度早期佛教史研究》序

　　佛教产生于印度。印度的佛教，释迦牟尼时代的详细情形，现在已经很难考查。与释迦牟尼时代最接近的，是早期的佛教。我们今天见到的佛教文献，即后来一般所称作的大藏经，最早开始形成为一种体系，估计就是在这个时期。这一时期佛教的学说，传统上常常被归纳为戒、定、慧三学。这样的归纳，到今天为止，依然还有意义。因此，如果说三学构成佛教最初和最基本的理论框架，应该没有什么问题。三学中为首的，是戒，也就是戒律。

　　关于佛教的戒律，可以讨论的话题有很多。其中之一，就是现存的，我们能看到的，完整或者不完整的几种戒律，其中的内容究竟是怎样形成的？当然，如果要深究，这是一个很大的问题。不过，问题虽然很大，研究却可以从较小的地方入手。湛如博士的书《净法与佛塔：印度早期佛教史研究》，其中讨论的第一个问题，佛教的净法，便是这许多问题中的一个。作为研究的对象，这个问题，曾经有过很多争论，在整个佛教发展的历史上，它虽然不能说受到了最大的注意，但却并非不重要。

佛教的戒律，说到底，其实很简单，就是对于佛教僧人们来说，哪些事可以做，哪些事不可以做。净法原则上讲就是可以做的。但这种简单的规定后面却有不简单的意思。什么可以，为什么可以？什么不可以，为什么不可以？这既牵涉到佛教最根本的一些理论观念，也牵涉到印度传统社会生活习惯中方方面面的许多问题。何者为"净"，何者为"不净"，又有种种不同的意见。例如，按照佛教的传说，佛教最初分裂为上座和大众两大部派，二者之间，最大的争论，就是僧众们对几种净法的理解不同，两派僧众各自依照自己的理解执行不同的规矩，由此分道扬镳。这段历史，上座部或上座部系统与大众部两方面的记载不完全一样，一方讲的是"十事"或者说十种"净法"，另一方则说是"五净法"，但争执的焦点都是净法问题。至于此后佛教部派所发生进一步的分裂，虽然其间往往有更多的原因，但在许多情形下，与佛教净法相关的律制方面的因素始终有所牵连。

因此，我们可以看到，书中讨论的似乎是一个小题目，却牵涉到印度佛教史研究中一些很重要的方面，例如，部派之间在律制方面不同的规定，不同时期，不同的教众对戒律中一些条文不同的理解，以及这些条文前后的变化等等。对于印度佛教史的研究而言，如果要想深入下去，这些问题，不能不弄清楚。

依照湛如博士在书中研究的结果，佛教的律形成有一个前后的层次。这一点，我非常同意。在学术界，也大致已经是一种共识。湛如博士又提出一个意见，认为在这中间，又依次有一个从四大广说到学处，从学处到波罗提木叉的过程。我的感觉，从逻辑上推断，这样的提法也有道理。湛如博士在书中对此做了比较详细的分析。我由此而生出的另一个感觉是，如果我们对佛教戒律中的其他许多问题也做类似的分析，也许会有更新的发现。

同样的一种情形，是佛塔的问题。佛塔的问题也与早期佛教史密切相关。关于佛塔，近一百年来，已经有许多学者做过讨论。这些讨论，最早从佛教考古和佛教艺术的角度出发考虑，进而涉及到佛教历史，佛塔崇拜的思想从何而来，进而是佛塔及佛塔崇拜在佛教宗教生活中的作用，再进而是佛塔崇拜与部派，佛塔与大乘佛教的起源，前前后后、方方面面，涉及到佛教研究的许多内容，可以称作是近几十年来的一个热点。湛如博士的书，参考了日本、印度、欧洲和美国学者的研究成果，对过去研究中一些问题做了介绍和总结，同时提出了自己的看法，这无疑为国内的研究提供了新的视野和材料。书中分析问题的途径和方法，也都有一些自己的特点。

关于佛塔，可以讲的有很多。我想到的一点是，二十多年前读书，知道在日本，曾经有学者提出过一种说法，认为大乘佛教的起源与崇拜佛塔的居士众有关。日本学者的设想，不能说完全没有根据，但我一直觉得，这种说法，虽然有一些理由，却不无可疑。最近十多年来，国际上有越来越多的学者对此提出怀疑，认为问题没有这么简单。湛如博士的书，也提到了这个说法。我希望，从现在开始，我们国内的研究，也能更多地考虑到这方面的问题。大乘佛教是怎么产生的，一直是国际学术界讨论很多的一个问题。大乘的起源问题，虽然看来不是一下子就能够解决，但如果从各个方面去进行探索，对于印度佛教史的研究，会有很大的推动作用。

以上两方面的题目，不管是净法问题还是印度早期的佛塔崇拜问题，国内研究佛教史的，目前还接触得不多。从眼下中国国内的情况看，研究中国佛教史的队伍，从人数来讲，已经不小，每年的成果，数量也不算少，但就印度佛教和佛教史的研究而言，无论是队伍和成果，都要薄弱得多。中国佛教，在中国的历史文化环境中发展起来，固然有自己的特性和特点，但究其根本，许多东西最早还是从印度传过来的，因此，中国佛教基本的理论框架和很多问题，总是与印度有不同程度的关系，研究中国佛教和佛教史，不可以不了解印度方面的情况。这种了解，在不同的情况下，可以多一些，也可以少一些，但不可以一点没有，而多一些总是有好处。近代中国研究佛教最有成就的学者，情况无不如此。上个世纪，以研究中国佛教史著称的北京大学的汤用彤先生，在印度哲学方面，就有很深的造诣。再如大陆的吕澂先生，以及台湾的印顺法师，过去都是在研究中国佛教史的同时，对印度佛教和佛教史都下过一番工夫，做过很深的研究，并且写成了非常有分量的著作。可惜这三位真正大师级（时下的情势，这里需要加上"真正"二字）的人物都已经先后过世。

　　湛如博士1998年在中山大学历史系获得博士学位，然后来到北京大学东方学系做博士后研究，本书是在他的博士后出站报告的基础上修改而成。国内专门研究印度佛教史的著作，已经出版的，数量很少。书中所讨论的题目，更是少见。从这个意义上讲，这部书就有了价值。现在书即将出版，湛如博士希望我写几句话，我自己对净法问题和佛塔崇拜的问题，虽然一直很注意，但却至今谈不上有多少研究的心得。这次找出湛如的这份报告，再次翻看了一下，有以上的几点感想，于是写了这些话，权且当作是为湛如博士的书做一点介绍吧。

2006年7月15日于北京大学燕北园

（湛如《净法与佛塔：印度早期佛教史研究》，中华书局，2006）

《梵藏汉佛典丛书》总序

　　从现代学术的意义上讲,中国近代的梵藏汉佛典研究,最早开始,是在北京大学。1918年,爱沙尼亚(当时还属于俄国)的梵文学者钢和泰(Baron Alexander von Staël-Holstein),由当时香港大学校长爱里鹗(Sir Charles Eliot)推荐,再经北京大学教授胡适的介绍,受邀到北京大学教授梵文和印度宗教史。钢和泰在北京大学任教,一直到1928年。这期间,钢和泰完成了他对《大宝积经迦叶品》的整理和研究。1926年,他在上海商务印书馆出版《大宝积经迦叶品梵藏汉六种合刊》一书。钢和泰的书,如果说有什么特点,最大的特点就是把一部佛经的三种语言六种文本同时集合在了一起,同时做了相关的一些研究。

　　不过,对中国学术界来说,钢和泰毕竟是一位

"客卿"。钢和泰之后,中国学者从事类似工作不是没有,但是不多,这中间需要提到的是林藜光。林藜光研究梵本《诸法集要经》(*Dharmasamuccaya*),最后撰成*L'Aide-Mémoire de la Vraie Loi*一书。林藜光校订和整理了法国著名的印度学家Sylvain Lévi在尼泊尔发现的梵本,同时对比被称作《正法念处经》(*Saddharmasmṛtyupasthānasūtra*)的藏译本和汉译本,提出很多很细的研究意见。这个工作可以说是典型的梵藏汉佛典研究。但林藜光的工作,却不是在中国完成,而是在法国的巴黎。林藜光是Sylvain Lévi的学生,也曾经是钢和泰的助手,1933年来到法国,1945年在巴黎去世。他的书,一共四册,前三册分别印行于1946年、1949年和1969年,而最后一册出版,则已经是1973年,这时离开他去世已经过去了二十多年。帮助出版这部书的是法国著名的汉学家、藏学家戴密微(Paul Demiéville)。戴密微既是林藜光的老师,也是他的朋友。

这个时候,中国本土的学者,在梵藏汉佛典研究方面,虽然做得不多,但也不是一点成绩没有。这方面可以提到的有吕澂先生和陈寅恪先生。

吕澂先生是中国近代最杰出的佛教学者之一,一生所做的研究，绝大部分与佛教有关。早在20年代，他就根据Sylvain Lévi新发现和校订出版的安慧《三十唯识释》的梵本，对照藏译本和汉译本，编撰为《安慧三十唯识释略抄》，由此讨论唯识古学和唯识今学的区别。

与吕澂先生不同，陈寅恪先生一生研究的领域，主要并不在佛教，但他1925年回国，在清华大学任教，早期发表的论文却大多与佛教文献研究有关。他这方面的研究，在一些点上，也涉及到梵藏汉佛典。陈寅恪相关的论文数量并不多，但牵涉的范围却更广。例如《童受喻鬘论梵文残本跋》讨论的是梵本与汉译本，而《斯坦因Khara-Khoto所获西夏文大般若经考》和《西夏文佛母大孔雀明王经夏梵藏汉合璧校释序》则讨论到西夏文佛典与梵本、藏本、汉本的关系。这样的研究旨趣和路径，显然受到他在德国的老师Heinrich Lüders和同门Ernst Waldschmidt的影响。陈寅恪是中国近代学术史上最有成就的学者之一，他回国后很快就在中国学术界有了很大的影响，与他这方面的研究其实有直接的关系。

陈寅恪和吕澂二位，学问一流，研究也称得上是一流，只是由于各方面的原因，他们在梵藏汉佛典研究方面完成的工作不是很多。这个时候中国的梵藏汉佛典研究，的确还说不上有很大的气候。

从理论上讲，佛典根据释迦牟尼的教言编辑而成，来源于印度。最早的佛典使用的是什么语言，有不同的意见。不过，可以确定的一点是，佛典中相当的一部分，大致在公元前后开始梵文化，此后梵文的佛典数量越来越多。于是，在我们今天看到的保留在印度语言中的佛典，从数量上讲，首先是巴利文的三藏，其次就是梵文的佛典。当然，印度语言的佛典，还有一百年前和近年来通过考古发现的犍陀罗语的佛典，不过至今发现的数量还是不算多。

在中国，现存最早从梵语翻译出来的汉文佛典，可以明确地认定年代，同时其来源也比较有把握的，是东汉末年支娄迦谶翻译的大乘经典。汉译佛典的来源，可以说绝大部分来自梵文经典，梵文原典对于汉译佛典的价值和意义，因此不言而喻。反过来说，从今天做学术研究的角度而言，汉译的佛典对梵文原典的重要价值，也是不言而喻。

至于藏译的佛典，翻译的年代相对于汉译晚了几百甚至上千年，因为如此，几乎都来自于梵文原典，来源既比较单一，翻译又很规范，对于了解和理解梵文佛典，又提供了另一个"参照系"。具体地讲,藏译与我们今天见到的梵文佛典在内容和形态上往往最接近。这一点,早就被学者们所认识到。因此,西方和日本的学者在研究梵文佛典时,首先想到的,大多先是藏译,然后才是汉译。这样做,不能说不对,但往往也有一个问题,那就是在西方和日本的学术界多年来几乎成为主流的一个看法,认为藏文佛典翻译比较准确,而汉文翻译则问题多多。这样的看法虽然说有一定的根据,但问题却似乎没有这么简单。因为汉译佛典开始的时间大大早于藏译。一部经典,往往有多种的来源,情况复杂得多,因此,汉译佛典提供的信息,在很多方面与藏译不一样。在佛典的研究中,常常可以看到,一部经典,很多时候有不同的文本,这些文本提供的信息,有时一样,有时不一样,有时很不一样。不一样的信息其实往往比一样的信息更重要,更不可以被忽视。

其实,在我看来,梵藏汉也好,梵巴藏汉也好,甚至还有其他印度语言以及中亚语言,我们读或者研究这所有的佛典,重要的一条,是要通过文本的研究,追溯佛教经典的来源和形成的过程,理解其本义,从而加深我们对佛教的了解和理解。对于学者们来说,语言与文本以及其所蕴含的意义既是"筌",也是"鱼"。对于佛弟子们来说,佛教的教义则真正是"鱼"。

钢和泰的《大宝积经迦叶品梵藏汉六种合刊》,当初在上海商务印书馆出版,介绍人是梁启超。梁启超因此为这部书写了一篇书序,书序中讲到钢和泰整理《大宝积经迦叶品》的情况,说明这项工作的意义:

> 钢先生将全经逐段分开,把六种文字比较对照,他所费的劳力真不小。我们有了这部合刻本,第一,可以令将来研究梵文藏文的人得许多利便,增长青年志士学梵文的趣味,为佛学开一条新路。第二,用四部译本并着读,可以看出翻译进化之迹及其得失,给将来译家很好的参考。

梁启超是近代最有见识的学者之一,他的意见当然很对,不过,在梁启超讲到的这两点之外,我还想补充一点,那就是,这样的做法,对于真正理解文本的原意或者了解文本前后的变化,可以提供很大的帮助,有很重要的价值。佛教的义理,很大一部分是通过经文来传达。一部经典,如果既有梵文的原典,又有汉译,还有藏译,几种文本，合在一起，对比阅读，对比研究，无疑对明了义理方面的问题有极大的帮助。钢和泰的书中，已经有不少的例证，只是钢和泰自己的兴趣主要不在这方面，所以没有更多的发挥。佛教有一个说法，讲在释迦牟尼涅槃之后，佛弟子理解佛法，有几条规矩，其中一条是"依法不依人"，再有一条是"依义不依语"，还有一条是"依了义不依不了义"。这几条都与佛典有关。怎么理解佛典的本义，梵藏汉佛典的对比研究无疑是一个有效的途径。这一点，不仅对学者们很重要，对佛弟子们也不无意义。

而且，我们还应该看到，这种从文本的比勘开始，进而深入到各方面的研究题目，由梵本而汉译本而藏译本，寻找问题，解决问题；或者再倒过来，由藏译本或汉译本回溯梵文原本，其实是前后左右都有许多文章可做。把梵文、汉文、藏文的文本结合起来，考察其中的异同，几乎是近一百年来佛教文献研究的经典模式之一。钢和泰是这样，林藜光是这样，陈寅恪、吕澂也是这样。至于国外的学者，例子就更多了。就这一点而言，我们需要的不仅仅是对勘和翻译，还应该有更宽的国际性的学术眼光和学术视野，有充分的问题意识，发现问题，解决问题，追踪前沿的研究题目，争取有新的发现。我们现在不是经常讲要跟世界学术接轨甚至想要赶超，接轨的途径很多，这就是其中之一。如果努力，又有所创新，赶超也不是不可能。

回到北京大学的情况来讲，钢和泰在1928年离开北京大学，去了哈佛大学，但不久又回到北京，直到1937年在北京去世。这一年，卢沟桥事件爆发，日军占领北京，北京大学被迫南迁昆明，八年抗战期间，当然谈不上梵文和印度方面的研究。1945年8月，抗战胜利。1946年初，北京大学回到故都北京。大局甫定，校长胡适与此前代理校长职务的傅斯年便决定，在北京大学正式建立东方语文学系，同时聘请季羡林先生担任系主任。促成此事并把季先生介绍给胡、傅二位的，就是陈寅恪先生。

从季羡林先生开始，北京大学重新有了梵文和巴利文的教学课程。此后，金克木先生也加入北京大学的东方语文学系的梵巴专业。季羡林和金克木的研究，虽然没有把藏文佛典包括进来，但在季羡林先生的主持之下，东方语文学系设立了藏文专业，由中国近代藏学研究的开拓者于道泉先生和王森先生负责。王森先生的教学和研究，很多方面就涉及到梵藏汉佛典，他也尝试对比过一些梵藏汉佛典。上个世纪的60年代，他还为当时北京民族图书馆收藏的来自西藏的梵文贝叶经编过一份简目。

六十多年过去了，北京大学的情形发生了很大的变化。但不管怎样，作为梵巴语专业奠基的两位学者，季羡林和金克木，先后培养出了一批学生，还有学生培养的学生，人数虽然不多，但已经成为当前国内这一专业的主要研究力量。北京大学的梵巴语专业，从十年前开始，也重新开设了藏文课程，以配合梵文巴利文的教学。我们近年毕业的几位博士研究生，他们的博士论文，选择的题目，就是梵藏汉佛典的对比研究。他们的研究，取得了很好的成绩：有的发现了失传一千多年的印度佛教中观派最重要的经典，龙树的《中论颂》的原始文本；有的发现了对西藏佛教律学理论最重要的经典《律经》的以前不为人知的藏文译本和注本。有的研究贝叶梵本，对比藏译，发现这份贝叶梵本，就是当年布顿大师翻译时所使用的底本。这些发现中的任何一项，都足以令人惊奇。此外，与此相关，他们还有一些论文，在国内外发表。从这个意义上讲，中国的梵藏汉佛典的研究，用现在很流行的一个词儿来形容，应该说还是比较地"给力"了。

汉语、藏语都是中国的语言。梵语虽然不是中国的语言，但是两千年来，以佛教的传入为起点，通过大量的汉译，梵语的佛典对中国文化发生过极大的影响。在这一方面，我们本来应该有先天的一些优势，可惜近一百年来我们却掉在了欧美和日本学者的后面。可喜的是，这样的情形，现在已经有所改变，我的几位同事在这个时候，策划和编辑出版这一套《梵藏汉佛典丛书》，正是一个证明。

我们已经有了一定的基础，我们也有了新的研究力量。无论如何，我希望，通过努力，在一段时间内，中国的学者在梵藏汉佛典研究方面，能有更多的成果，在世界学术之林的这块领地里，也能见到中国人更多的成就。我已经说了，梵藏汉三种语言，两种都在中国，是中国的语言，同时古代翻译经典的高僧大德们又给我们留下了数量巨大的汉译和藏译的佛教经典，而这些经典现在已经成为中国文化遗产的一部分，我们为什么不多做一点工作呢？

《梵藏汉佛典丛书》出版，主事之人要我写一篇序，我不能拒绝，于是拉拉杂杂，谈了中国梵藏汉佛典研究几十年来的一点掌故，同时也谈了个人相关的一点看法，对或是不对，尚待行内朋友们批评。

2011年4月29日

纪念师觉月教授
——《师觉月论文选集》序

　　在中国和印度两千年密切交往的历史上，曾经出现过许多杰出的人物。在中国方面，法显、玄奘、义净这些名字当然不用说，在印度方面，不可以不提到鸠摩罗什、觉贤、真谛这些名字。尤其是鸠摩罗什，父亲是印度人，母亲是古代龟兹国王的妹妹。龟兹在今天中国新疆的境内，鸠摩罗什因此也算是半个中国人。中印两国历史上这些了不起的人物，他们的名字和一生的经历，都给我们留下了深刻的印象。

　　进入近代，到过中国，最有名、最值得提到的是师尊（Gurudeva）泰戈尔。1924年泰戈尔对中国的访问，是近代中印文化交流史上的一件大事，中印两个伟大国家文化上的交往就此重新开始。泰戈尔的作品对中国近代新文学的发展也发生过重要的影响。

中印历史上所有这些伟大的人物，有一个特点，不知被人注意到没有，那就是，他们大多都是有学问的人，而且不是一般地有学问，往往都是饱学之士。他们为中印文化互相的交往和品格的形成所做的贡献，很大一部分，就在于他们学术上取得的成就。

说到学问之事，近代与中国有关的印度学者，就不能不提到师觉月教授。

师觉月教授是印度孟加拉人，是上个世纪印度、也是国际上研究中印文化和文化交流史的一位著名学者。关于他的生平和学术成就，收入本书作为附录的文章中已经有详细的介绍，无需我在这里多说。我想强调的只是，19、20世纪以来，中印两国的社会和文化环境发生了极大的变化，两个国家的文化交流，更多地加入了学术的成分。20世纪20年代，泰戈尔在西孟加拉邦的"和平之乡"创立国际大学（Visva-Bharati）。1937年，泰翁又在中国去的谭云山先生的协助下，在国际大学里专门设立中国学院（Cheena Bhavana），推动对中国文化的研究。师觉月最早开始学习中文，正是在国际大学。二十多年后，他在国际大学的中国学院任教，后来还做了国际大学的校长。在这期间，他在国际大学创办了《中印学刊》（*Sino-*

Indian Studies），集中发表有关的研究成果。这是世界上唯一一份以中印文化研究作为主题的学术刊物，出版后在国际上颇有影响，可惜他去世以后，没有能继续办下去。本书中选编的文章，有一些最初就发表在《中印学刊》上。

对于北京大学而言，师觉月教授则更有特别的一份因缘，那就是，他是近代历史上第一位到北京大学担任讲座教授的印度学者。他在北京大学的时候，学校的校长是胡适之先生。胡适之先生是中国近代最伟大的学者之一，他对师觉月的到来，十分欢迎。胡适之先生曾经这样写道："印度政府为了增进中印两个民族之间的了解和合作，特在北京大学设立一个印度学的讲座，第一任教授就是师觉月博士。他在北大的工作是给中印友谊与学术合作建立了一个有力量的基础。"这段话不禁使我们想到，一千三百多年前，中国的玄奘，也曾经在印度的佛教大学那烂陀寺担任过教职，也得到了印度的同行和朋友们极高的赞扬。师觉月在北京大学任教的经历，与他一千多年的许多前辈一样，是中印友好交往中一段新的佳话。

我生也晚，没有能见到师觉月教授，但北京大学东语系的季羡林先生和金克木先生当年都与他是朋友。七十年代末，我到北大念研究生，跟随两位先生学习，两位先生不止一次地跟我讲起过师觉月，他们对师觉月都很称赞。北大的图书馆里，师觉月的著作、书和文章，能找到一些，不过不全。北大图书馆有的，我大多读过，但还有一些是我一直没有机会读到的。他的书和文章，曾经是我做研究时重要的参考资料。我们所有的人，都感激师觉月在中印文化方面所做的很多开拓性的工作。

就学术研究的角度而言，师觉月的学术论文，已经有相当的影响。其中一些在发表的当时，曾经有着创新的意义。论文中一些结论，至今仍具有说服力，甚至可以说至今仍然还处在研究的前沿，被从事中印研究的学者们所引用。但与此同时，我们也要看到，他文章中涉及的一些题目，在今天的中国和印度，还需要有人去做更多的研究。师觉月研究的范围很广，如果要对他的研究做一个全面的评价，可以看到，他不仅仅是一位"汉学家"，也不仅仅是"印度学家"，他也不仅仅是研究佛教，而是跨越多个方面，只有一个词——中印文化研究，大概可以概括他研究的领域。他在这方面研究的特点，其实值得我们仿效和学习。

2008年是师觉月诞辰110周年，在印度和中国都举行了一些活动，来纪念他和他的学术成就。为此，美国纽约城市大学的沈丹森（Tansen Sen）教授向我建议，重新编辑一部师觉月的学术论文集，我当然很赞成。丹森很快行动起来，搜集文章，编排次第，联系出版，承担了大部分的工作。为此我很感谢丹森。

丹森也是印度孟加拉人，读中学时来到中国，我们认识已经有二十多年。他先是在北京语言大学学习，后来进入北京大学，在北京大学获得硕士学位，再后来他到了美国，在宾夕法尼亚大学大学获得博士学位。丹森的研究兴趣和领域，就是中印文化关系。他在这方面已经出版了一部学术著作和发表了不少学术论文。他的研究，成绩斐然，得到学术界广泛的肯定和称赞。我很高兴地看到，大半个世纪以前师觉月开始的中印文化研究，现在有了像丹森这样的年轻学者继续做下去。而且，近年来有兴趣研究中印文化的人渐渐多了起来，这样的形势使人鼓舞。

2007年以来，我有机会数次参加为重建那烂陀大学而成立的顾问小组（Nalanda Mentor Group）的会议，我们小组的主持人，是著名的经济学家、1998年诺贝尔经济学奖的获得者阿马蒂亚·沈（Amartya Sen）教授。阿马蒂亚·沈也是印度孟加拉人,他在国际上被称作"为穷人说话的有良心的经济学家",这样的经济学家当今并不多见,因此非常伟大。阿马蒂亚·沈对中国十分友好,对中印文化也非常关注。他写过一本书,书名是《惯于争鸣的印度人》(*The Argumentative Indian*),他在书中讨论到中国和印度的文化,意见非常精辟。他的青少年时代,就在"和平之乡"度过。我们因此也谈到过师觉月,他也认为,师觉月是一位非常杰出的学者。孟加拉真是一个了不起的地方,不仅历史上与中国有许多联系,而且人才辈出,这不能不说是一种因缘。

因此,我的看法,我们编辑出版这本书,意义其实不仅仅限于纪念师觉月教授以及讨论他一生的学术成就,我们还希望,通过这部书,重新回顾中印友好交往的历史,回顾中印文化研究的学术史。我们要把包括师觉月在内的所有前辈学者开创的工作进一步发展下去,让中印两国人民、两国学者之间有更多的了解,更多的交流,相互学习,永远友好。这是我们今后还会长期努力的一项工作。

2010年8月30日于北京大学

(*India and China: Interactions through Buddhism and Diplomacy, a Collection of Essays by Professor Prabodh Chandra Bagchi*, Anthem India–China studies, London·New York·Delhi: Anthem Press, 2011。原书为英文，序为中英双语)

泰戈尔：新的理解和更多的敬意
——《泰戈尔与中国》序言

　　在今天的中国，最为人们所熟知的印度名字，除了释迦牟尼以外，大概非泰戈尔莫属。释迦牟尼是佛祖，两千多年前，佛教传到中国，中国人就知道了释迦牟尼这个名字。对于释迦牟尼，信仰佛教的中国人当然怀有最大的敬意。但在一般人的心目中，释迦牟尼是佛，也就是神。泰戈尔则不一样，他在世的时间，不过是百来年到几十年前。在中印之间两千多年交往、交流、互相学习的过程中，泰戈尔对我们来说，时代很近，在人们的印象中，更实在，更亲切。在释迦牟尼的身上，我们感觉更多的是一种崇高的神性，而在泰戈尔身上，我们实实在在感觉到的则是一种伟大的人性。

　　对泰戈尔，人们有许多称呼：诗人、文学家、哲学家、教育家、社会改革家，这些称呼当然都很对。不过，在我看来，泰戈尔最根本的，是他作为一个伟大的人，对人类、对生命的普遍的爱，对自然出自内心的亲近。泰戈尔的身上，充满了人道主义的精神。泰戈尔追求的，是人类的平等、世界的和平、精神上的完美，即便这不一定合乎时宜，即便这个世界中有很多的不平等，也很不完美。泰戈尔创作的所有诗歌、小说和戏剧，他发表的无数的讲话，他所有的社会活动，无不与此相关。他为我们树立了一个榜样，一种精神上可以追求的目标。因此，说泰戈尔是印度的圣贤、是亚洲的圣贤、也是世界的圣贤，我以为毫不过分。

对于中国人来说，认识泰戈尔和泰戈尔的思想，曾经有一个过程。从最早因为泰戈尔以亚洲人的身份而获得诺贝尔文学奖，感觉是为东方人争了光，我们中国人也"与有荣焉"，到泰戈尔访华，不同的人，因为思想观念的不同，在中国的文化教育界引起种种激烈的争议，再到中日战争爆发，泰戈尔对日本军国主义的强烈谴责，让我们终于觉得泰戈尔才是我们真正的朋友。其实，依我的看法，这中间泰戈尔自己在思想上并没有很大的变化，变化的是这个世界，更多的还有我们理解问题的角度和某些思想观念。

如果更仔细地想，真正伟大的历史事件和真正伟大的历史人物其实就是如此。经过了将近一个世纪的时光，泰戈尔思想的价值才逐渐被显示出来。当然，这也并不奇怪。人类历史上所有的思想观念，它们的出现，都有一定的社会文化和政治背景。一些思想，一些观念，在某一个时候，某一个地区也许会有用，也会有一定的价值，有很大的影响，甚至会取得成功。但是，如果放在一个长的历史时段中，或者再放在整个世界的范围内去检验，最后的结果，有一些会被人们放弃，有一些会被人接受，也有一些曾经被怀疑但最终证明其价值。后者就会具有历史的意义、普世的意义，也就是说，有了新的、更有影响的生命力。

我们说，泰戈尔的情况是不是就是这样的呢？几十年的时间过去了，泰戈尔的思想被证明是有生命力的。时至今日，我们仍然感觉有必要重新讨论泰戈尔的思想，原因不就是在这儿吗？对于泰戈尔，我们过去有过尊重，但也不是没有过误解，尊重自然是对的，发生误解在当时也有种种复杂的原因。开展新的讨论，获得新的理解，可以说现在正是最好的时候。这样做，无论对于我们认识历史，还是对于当今的现实，我以为都有很重要的意义。

2011年是泰戈尔诞辰一百五十周年。为了纪念泰戈尔，同时也由于上面提到的这些原因，两年前，在跟哈佛大学的Sugata Bose教授及纽约城市大学的Tansen Sen教授商议以后，我们决定于2010年的8月下旬在北京大学召开纪念泰戈尔的国际学术研讨会，题目是"理解泰戈尔：新视野和新研究"（Understanding Tagore: New Perspectives and New Research）。北京的这个会议，与2009年11月在哈佛大学召开的"泰戈尔的亚洲观念与他的时代"（The Idea of Asia in Tagore and His Times）国际学术研讨会，2010年5月在新加坡东南亚研究所召开的"行动的时代：泰戈尔的亚洲之旅"（An Age in Motion: The Asian Voyages of Rabindranath Tagore）国际学术研讨会互相呼应，成为纪念泰戈尔国际系列活动的一部分。为了北京大学的这次会议，我们也接受了谭中先生的建议，编辑出版这本论文集。

中国和印度，有两千多年交往的历史。对于中国人，印度曾经是一个多少有些神秘或者神奇的地方。印度历史上曾经出现过许多伟人：释迦牟尼、大雄、商羯罗、伽比尔、甘地，甚至包括阿育王、阿克巴这样开明的君主。泰戈尔是其中最晚近的一位。今天的印度，虽然已经不再神奇，但作为中国最大的邻国之一，我们实在是需要给予更多的关注——可惜这在过去一直做得不够。在新的世纪里，我们愿意与更多的关心中国和印度的朋友们一起，努力地推动中印友好，了解中印的文化，发展中印的经济。在我看来，这件事的意义，其实不限于中印两国本身。中印的人口加起来，占了世界人口的三分之一还多，两个国家的事情办好了，这个世界上的一小半事情也就差不多办好了。

感谢本书所有的撰稿人，其中应该特别提到阿马蒂亚·沈（Amartya Sen）教授。阿马蒂亚·沈也是印度孟加拉人，他的青少年时代，就在泰戈尔的"和平之乡"度过。他是1998年诺贝尔经济学奖的获得者，在国际上被称作"为穷人说话的有良心的经济学家"。几年前，因为参加重建那烂陀大学而成立的顾问小组（Nalanda Mentor Group）的工作，我认识了他。他是我们顾问小组的主席。他对中国十分友好。这几年我们多次见面。我们在一起，谈到印度，也谈到中国，每次他总有很多很精辟的意见。他还写了不少的文章，也有书，讨论中印文化。他为本书撰写的文章，是书中的精华。

我们还要感谢的是谭中先生，书的组稿和编辑工作，主要由他完成。谭中先生是谭云山先生的哲嗣,今年已经是八十一岁的高龄。在过去半个世纪的时间里,谭中先生继承他父亲的事业,为增加中印两国之间文化的交流和理解做了许多工作。在近代中印交往的历史上,谭云山是跟泰戈尔有过最密切接触的中国学者。对于中印文化的沟通,两位谭先生都做出了重要的贡献。这次在北京大学举行的纪念泰戈尔的研讨会,谭中先生实际上也为我们做了很多筹划和联络工作,我们非常感谢。

最后,我想用季羡林先生讲过的一段话作为结束:

> 泰戈尔和中国有特别密切的关系。他一生的活动对加强中印两国人们的友谊和文化交流,做出了巨大的贡献。他还亲身访问过中国,也曾邀请中国学者和艺术家到印度去访问,从而促进了两国人们的相互了解。这种相互的访问播下了友谊的种子,一直到今天,还不断开出灿烂的花朵。[1]

我相信,在新的世纪里,以纪念泰戈尔作为一个新

---

[1]《季羡林文集》第5卷,江西教育出版社,1996,181页。

的契机，季先生讲的中印友谊的花朵将会越开越多，越开越灿烂。不仅如此，我还希望，泰戈尔人道主义的精神和观念，以及他世界大同的理想能够在这个世界上得到更多的理解和回应。

2010年7月18日 于北京大学燕北园

（《泰戈尔与中国》，中央编译出版社，2010。原书为中英双语，序为中英双语）

关于佛教神话的研究
——《佛教神话研究：文本、图像、传说与历史》序

　　2010年7月30日至31日，北京大学东方文学研究中心在北京大学静园一院举办了一次学术研讨会，主题是"跨文化的佛教神话学研究"（Cross-cultural Researches on Buddhist Mythology）。会议规模不大，与会学者二十余位，分别来自美国、英国、法国、加拿大、以色列、匈牙利、中国的大陆和台湾地区。现在汇集在一起的，就是这次研讨会上发表过的论文。这些论文，虽然依照会议的主题，从讨论神话出发，但涉及的内容实际上超出了一般所理解的神话学的范围，最多的是涉及到文本、传说和历史，有的也涉及到图像，因此就有了我们现在的这个书名。

　　作为现代学术研究的一个门类，神话或者说神话学的研究，已经有相当长的一段历史。欧洲学者对古代希腊

与罗马神话的研究，在文艺复兴时代就已经初露端倪。在西方学术界，几百年来，这方面已经有许多成果，但就世界范围内的神话研究而言，这不过仅仅是一个开始。世界这么大，民族这么多，各个地区、各个国家、各个民族，各自的文化和宗教传统不同，历史上都有各自创造的神话和类似于神话的传承和传说，所有这些，都能为和已经为神话学的研究提供非常好而且非常丰富的题材，这中间就包括在东亚和南亚历史最为悠久、文化底蕴最为深厚的印度和中国，也包括亚洲最主要的宗教之一的佛教。与希腊罗马相比较，东方历史上出现的神话和宗教，有许多不同的特质。正是这些特质，给神话学的研究拓展出新的视野，提出了新的课题，注入新的内容，因此大大地推动了学科的发展。这方面的研究可以说至今仍然大有可为。

现代学术史上的佛教研究，实事求是地讲，也是从欧洲开始。与佛教神话有关，欧洲早期的一些研究佛教的学者，其中包括法国的Émile Senart和Auguste Barth、荷兰的Hendrik Kern，都做过一些在当时很有影响的讨论。1873年至1875年，Senart在法国的《亚洲学报》（*Journal Asiatique*）发表他的论文Essai sur la légende du Buddha，后来经过修改和补充，在1882年结集成书。

Senart研究梵文佛传*Lilitavistara*（《普曜经》），他得到的结论是：组织在这样一个颇具条理的佛传里的神话传说，在佛陀出现以前其实就已经存在，这包括佛教所讲的转轮圣王、七宝、大人以及大人相好等等说法。在Senart看来，佛陀代表的既是日族的英雄，也是转轮圣王，因此具有大人相；佛陀在降生之前，就是最高的神；他作为一位光辉的神从天而降；佛陀的母亲摩耶夫人是一位女神，代表的是全能的创造力，她虽然在佛陀出生后就去世了，但却以生主的身份继续存在，创造和抚育宇宙与其中的诸神。Senart把他的研究，称作历史神话学的研究，以区别于19世纪很有影响的比较神话学的研究。后者的代表在当时有Max Müller和Adalbert Kuhn，他们也都是当时研究印度宗教和历史很著名的学者。

Kern对此则有些许不同的一番解释。Kern也认为，佛陀的确是一位日族的神，同时他有更进一步的推论。他认为，佛教的十二因缘，代表的是一年的十二个月份；佛经中讲到的六师外道，代表的则是围绕太阳旋转的六颗行星；佛陀初转法轮，是在中夏，因此中道成为佛教的中心思想之一。Kern认为，历史的佛陀（historical

Buddha），其实并不存在①。Kern的这些解释，其中的一部分，得到了Barth的支持。Barth把佛经中讲到的伎女看成是母亲女神，六师外道代表六颗行星，提婆达多对佛陀的反叛代表的则是月亮与太阳的争斗②。

几位学者这样的一些研究结论，套用近些年颇为时髦的一种说法，真可以叫做"解构"。但是，他们当时做这种"解构"的出发点，其实并不完全是研究神话，更多的是希望通过这些研究，获取对佛教历史真实性的解释。他们希望从佛教的各种神话和传说中，把神话剥离出来，让神话回归神话，借此还原出真实的历史。从19世纪后期一直到20世纪前期，这可以说是欧洲佛教研究主流的取向。当然，在这样的讨论中，也有一些学者，例如英国的T. W. Rhys Davids和德国的Hermann Oldenberg，对佛教的神话和传说做较为平实的解释。后者的研究方法往往被认为是一种理性主义（rationalistic）和具有神话历史一体（euhemeristic）的特点。Rhys Davids和Oldenberg

---

①Hendrik Kern的书以荷兰文写成，1882年至1884年出版，同时由德国学者 Hermann Jacobi翻译为德文：*Der Buddhismus und seine Geschichte in Indien*, Leipzig: 1882-1884；其后又有法文的译本：*Histoire du Bouddhisme dans l'Inde*, Paris, 1901-1903。

②*Oeuvres de Auguste Barth*, I, Paris, 1914, p. 335。

各自的书，也因此成为研究印度佛教史的两部名著①。

　　现在看来，Senart等人对佛教神话的这些结论或者看法，似乎有点儿匪夷所思，但是，如果回过头去想，神话研究的魅力却正在于此。而且，通过这样一些讨论，学者们对佛教以及以文献为基础的研究大大地深入了一步。对佛教研究史上的这一段故事，后来的一位荷兰学者J.W. de Jong做过很好的总结。de Jong认为，Senart的研究，虽然不能说完全正确，但其中不是没有价值，其价值首先在于Senart把佛陀神话看成是印度以及印度宗教观念的产物。没有学者能够完全地接受Senart的理论，但是，即使是以Rhys Davids和Oldenberg作为主要代表，后来被称为"巴利学派"的学者，也没有完全否定在Senart的研究中也有正确的成分。Kern认为历史的佛陀（historical Buddha）不存在的极端的看法并没有追随者，但Senart的理论对后来的学者仍然具有一种魅力，即使这些学者大部分追随的是Oldenberg的研究路径。在de Jong看来，Senart书中的一个重要事实，就是他把关

----

①T. W. Rhys David,*Buddhism,Being a Sketch of the Life and Teachings of Gautama the Buddha*,London, 1877; Hermann Oldenberg,*Buddha：Sein Leben,seine Lehre,seine Gemeinde,* Berlin,1881。

于佛陀的观念放置在印度观念的基础上,而这些观念的真实性并不等同于19世纪的学者们所理解的历史的真实性[①]。de Jong的这一看法,非常深刻。

在佛教研究的学术史上,尤其是早期学术史上,上面提到的几位学者,都非常杰出。他们对佛教的研究都做出过极其重要的贡献,他们的研究意见,曾经有过很大的影响。这一段学术史,牵涉到佛教神话的研究,值得我们回顾。de Jong做这番总结,是在上个世纪的七十年代,距离Senart等人的时代已经过去了将近一个世纪,许多问题也已经可以看得比较清楚。在上个世纪后五十年国际佛教研究和印度学研究的圈子里,de Jong是一位非常渊博、非常有见地的学者,他对这段学术史的总结,我以为讲得很实在,很多地方至今值得我们参考。

从学术研究的角度讲,一切神话都是虚构,但为什么要虚构,怎样虚构,虚构后面所表现的价值观念,却值得做认真的研究。在我看来,所谓的神话学,从学术上讲,可以有各种定义,也可以做各种类型、各种形式的研究,

---

[①] J.W. de Jong, *A Brief History of Buddhist Studies in Europe and America*, Delhi: Sri Satguru Publications, 1987, p. 25-29。以上提及欧洲近现代学术史的资料,也大多转引自de Jong的书。

但究其实，要解释的，无非就是与神话相关的这些问题。因此，我们的研讨会在开始筹备时，只是提出了一个大的题目，对论文的具体内容，并没有加以限制，最后收到的论文，对上面讲到的这些问题各自都有所涉及。论文讨论的内容，包括佛教神话的定义，佛教的经典和教义、佛教的图像、各种类型的传说、佛教的历史与世俗社会；地域则从印度开始，扩大到中亚、西藏、汉地、中国的少数民族地区，再延伸至日本和朝鲜；时间段从早期佛教开始，到中古时代；涉及的语言和文献，则包括古代的梵语、巴利语、和阗语、回鹘语，还有汉语、藏语以及日语。从这些特点看，如果说一个多世纪前的佛教神话研究，基本上还限定在印度的范围内，我们现在则可以这样说，佛教神话研究的范围，已经扩大得多了。就这一点而言，学术的进步是显然的。

正因为研究范围的扩大，对于收入本书的论文，要做评论，即使是简单的评论，不是一件容易的事，它涉及到多方面的专门知识。我们自己，不必也不好自我评论。我们只是希望，通过把它们编辑成书，能够在一个更大的范围，与所有关注佛教神话研究的同行们进行交流，让大家来批评，得到大家的指教，以此推进学术的发展。每位作者的研究，论文中的结论，不敢说都完全正确——也许永远都不能这样说——但以我个人了解的情况，我以为，这些论文，很多涉及到当今佛教神话研究的前沿问题，整体上讲，应该说有一定的研究水平，其中一些论文很有水平。

研讨会收到的论文共21篇，收入本书的论文19篇，开会时发表的论文，绝大部分都已经收入了本论文集。国内学者的论文，都用汉语写成，国外的学者，则都用英语。研讨会中间也是这样，发言者有的用汉语，有的用英语，或者同时使用两种语言。我们的体会，这样做，时间的应用效率更高一些，学者们互相之间对论文的理解也更准确。举办国际性的学术活动，翻译很多时候是不得已而为之，很多场合下，翻译固然有必要，但翻译实际上也是有得有失。出于同样的考虑，这些论文在收入论文集时，也就没有做中英文互译，论文集最后成为一部双语的书。这种做法，我想，在目前国内学术发展的状况和大环境中，应该能够接受。

北京大学东方文学研究中心是教育部设立的人文社科重点研究基地之一。这次研讨会以及本书的出版，是中心2007年立项的基地重大项目"梵语与西域胡语文献中的佛教神话研究"活动的一部分，经费主要由教育部和北京大学提供。会议在筹备的过程中，得到加拿大不列颠哥伦比亚大学（University of British Columbia）陈金华教授的积极支持，通过他的协调，加拿大不列颠哥伦比亚大学慈济佛学论坛作为研讨会的协办单位，为国外参加会议的学者提供了国际机票，其后也为本书的出版提供了部分资助。我们感谢国内外朋友们参加此次研讨会。同时，我们还要感谢加拿大慈济功德会会长何国庆先生，他是这次研讨会的积极支持者，还出席了第一天的会议。

书中论文的整理和编辑，陈明教授和陈金华教授做了很多工作，尤其是陈明教授，负责与责任编辑前期的联系和论文的编排，出力很多。

上海中西书局的副总编张荣先生，对本书的出版给予了积极的支持。责任编辑刘寅春女士在书的编辑过程中付出了很多劳动。作为本书的编者，我与我的两位同事也是朋友——陈明教授和陈金华教授——在此一起对他们表示我们最大的谢意。

最后还需要说明的一点是，由于一些事先没有想到的原因，本书的出版比预期拖延了一些时间。拖延的责任虽然不在我们这里，但我仍然要感谢论文的作者，尤其是其中来自国外的几位作者，以及中西书局所有的编务人员在处理相关问题的过程中所表现出来的耐心和给予的配合。

2012年9月4日改定

（原载《佛教神话研究：文本、图像、传说与历史》，中西书局，2013。原书为中英双语，序为汉语）